JN091581

新典社選書
107

東京裁判の思想課題

——アジアへのまなざし

野村 幸一郎

新典社

目次

序　保田與重郎の東京裁判批判

――問題の所在

本書は極東軍事裁判、いわゆる東京裁判について、同じ時代を生き、裁判を目撃した、場合によっては当事者としてかかわることになった文化人、言論人が抱いた違和感や批判意識について分析を試みるものである。東京裁判を法律の問題や歴史の問題、政治的イデオロギーとして扱うのではなく、近代日本のアジア認識とのかかわりの中で分析しようとする試みであると言ってもよい。東京裁判は単に戦争責任を問うだけではなく、今日から見れば、その思想課題は文明論上の問題にまで拡大している。サミュエル・ハンチントンの言う「文明の衝突」が法廷という場で展開された歴史上希有な例であると言ってもよい。私が思想上、文明論上の問題として東京裁判を考えてみる必要を感じたのは、ここに理由がある。

その東京裁判は、昭和二一（一九四六）年五月三日から昭和二三（一九四八）年一一月一二日まで開廷され、連合国によって「戦争犯罪人」として指定した日本の政治家や軍人が裁かれた。昭和二〇（一九四五）年八月、アメリカ、イギリス、フランス、ソ連がロンドン協定を結び、国際軍事裁判所がつくられ、いわゆるニュールンベルグ裁判が開廷、ナチスドイツの戦争犯罪が裁かれることになったのだが、東京裁判は、このニュールンベルグ裁判にならってつくられたものである。ふたつの裁判に共通するのは、戦争犯罪の範囲を広げたことであり、従来は捕虜や住民の虐待など「通例の戦争犯罪」が罪に問われたが、両裁判では、侵略戦争の計画や開始などの責任を問う「平和に対する罪」、一般市民に対する虐殺など非人道的行為を犯罪とする「人道に対する罪」の二類型が加わった。

起訴された被告は二八名、最終的には東条英機、広田弘毅という二名の元首相を含む七名が死刑、荒木貞夫など一六名が終身刑、禁固二〇年が元外務大臣、東郷茂徳、禁固七年が元外務大臣、重光葵であった。なお、起訴された二八名の内、元外務大臣、松岡洋右、元軍令部総長永野修身は判決前に病死、大川周明は精神障害と認められ、免訴となっている。

東京裁判の争点としては大きく分けて次の四点に整理することができる。

まず、第一は「平和に対する罪」や「人道に対する罪」という概念が、まだ国際法上において成立していない現状にあって、これをもって裁くのは「事後法」（犯罪が行われた後に成立した法をもって裁くこと）である、というものである。昭和二一（一九四六）年五月一三日の法廷で、首席弁護人、清瀬一郎が「ポツダム宣言にいはゆる戦争犯罪といふのは一九四五年七月二十六日当時の通念よつて規定さるべきものである」、「いま起訴状に平和に対する罪として掲げられた「戦争自体を計画し準備し開始した」ことは一九四五年七月当時にはそれは罪であるとは、文明国間に共通した観念ではなかつた」[1]、と述べたのはこの謂である。

第二はいわゆる「勝者の裁き」に対する疑念である。判事が中立的な第三国から選ばれたのではなく、すべて戦勝国から選ばれている事実ひとつをとっても、東京裁判は世界平和のために国際法にもとづいて裁判を行ったのではなく、偽装された復讐だったのではないか、という疑念を拭い去ることはできない。

第三は日本の軍部や政治家が、ナチスのように集団で計画的に侵略戦争を進めたとする「共同謀議」に対する批判である。今日から見ても、彼ら二八名の被告が「共同」で「謀議」の上（たとえば、東条英機と広田弘毅が謀議の上）日本を侵略戦争に導いていったなどという歴史認識は、あきらかにまちがっている。

そして、第四は「文明の裁き」に対する批判である。この言葉は東京裁判開廷時に、検察団代表、ジョゼフ・キーナン首席検察官が語った言葉である。冒頭陳述においてキーナンは、二八人の被告は「民主主義とその本質的基礎即ち人格の自由と尊重を破壊せんと決意し、この目的のためにヒトラー一派と手を握った」のであり、彼らは「文明に対して宣戦を布告」した[2]、と語っている。これに対して被告全員が無罪を主張。東条英機は裁判所への書面で、自衛のためのやむをえない戦争だったと主張し、昭和二三（一九四八）年一月の法廷でキーナンから、「道義的にも法律的にも、間違つたことをしてゐなかつたと考へるのか、こゝに被告としての心境を聞きたい」と詰問された際には、「間違つたことはない、正しいことをしたと思ふ」[3]、と答えている。

これら四つの争点の内、東京裁判に批判的であった言論人、文化人がとくに違和感を感じたのが、「文明の裁き」の問題であったことはまちがいない。植民地化への危機意識から日本人はやむをえず西洋文明を受けいれ、近代国家を建設したと考える彼らにとって、アジア太平洋戦争もまた、東条の言う「自衛のための戦争」であり、大東亜共栄圏は明治維新の世界的展開、つまり、列強による植民地化からのアジアの解放であった。それゆえ彼らにとっては、アジアを蚕食してきた西洋諸国家が、アジア太平洋戦争を文明への宣戦布告であると批判したことは、みずからが過去に犯した犯罪を顧みず被害者の側に罪を押しつける無恥と傲慢に満ちた強弁のように感じざるをえなかった。

たとえば徳富蘇峰は、ペリー来航にはじまる列強の圧迫に、日本における「国民」の誕生を指摘し、以後、日本は「国民」の意思として列強に対抗するために対外戦争をくりかえすことになった、と論じている。南京事件の責任を負わされ死刑となった松井石根は軍人であるが、さまざまな文章で彼の政治理念であった大亜細亜主義を主張している。松井にとって中国の民は列強に圧迫されつつあった「同胞」であり、日支事変は侵略戦争ではなく、「同胞」同志の内輪もめ、兄弟げんかのようなものであった。大川周明は岡倉天心の影響の下にあって、インドの仏教も中国の儒教も日本の精神文化として蓄積されており、日本はこの「三国意識」をもってアジアのリーダーとなるべきことを主張している。『ビルマの竪琴』の作者として知られる竹山道雄は、近代文明の光と影を論じ、行きすぎた経済格差が共産主義やファシズムの温床となった、日本でもまた近代文明の負面を温床としてファシズムや共産主義が人心をとらえていった、と論じている。

ところで、同時代において、「文明の裁き」に反発した言論人、文化人のひとりとして保田與重郎がいる。保田與重郎は「日本の右翼」(4)で、次のように語っている。

津久井龍雄の「右翼」といふ本は、叙述平明、所説温厚で、甚大な説明力がある。(中略)彼はこの本の中で、「大東亜戦争をおこしたのは、単に日本の軍部や右翼や、更に東條大将の一味だと片付けてゐるのが、あまりに浅薄でをかしい」と云つて「さういふ宣伝を鵜呑みにしてゐる」多数の人々の存在に、心配してゐる。我々もかうした軽薄浅薄の人々を危んでゐるのである。

津久井龍雄は、大正一二（一九二三）年頃、日本ではじめて資本論の完訳を出版したことで有名な高畠素之の門下生となり、国家社会主義運動に身を投じている。戦争中、戦後は、言論活動に専念し、実践的な政治活動からは遠ざかっていた。津久井の『右翼』という書は、昭和二七（一九五二）年五月、昭和書房から出版されたものである。保田が取り上げているのは、同書のだいたい一六、七ページあたりの記述である。

同書で津久井は、第二次世界大戦の根本的な原因は共産主義の台頭にあった、とまず指摘している。ところが、日本もドイツも結果的にイギリス、アメリカを主敵として戦う結果となった。こう考えてみると「イギリスのチャーチルも、アメリカのルーズベルトもひっきょうスターリンの老獪な計略に乗せられたとみるほか」なくなる、そうである以上、日本の軍部や東条一派が戦争を起こしたという見方は、きわめて浅薄な分析である、ということになる。これが保田が部分的に引用している文章の内容である。

このような津久井の分析と保田の戦争観をくらべてみると、その主張がかなりの部分で重なっていることがわかる。保田もまた、東京裁判の判決をまったく認めておらず、この戦争の原因が東条英機などA級戦犯にあったという見方を、真っ向から退けており、当時の世界情勢にその原因を求めている。

ただし、保田の場合、共産主義、具体的にはソビエト連邦の謀略によって第二次世界大戦が引き起こされたというような、反共を前面に押し出した世界認識を持っていたわけではない。津久井とくらべて、より巨視的あるいは文明論的視野に立って、保田は世界大戦の原因を推測している。「戦後の教養と言論は歴史の真理を諸君に教へなかつたのである。東條大将一人のために戦争が起つたなどと、軽薄単純な考へを諸君に教へ込まうとしたのは、重大な亡国的謀略である」、「その原因はさらに深因は、深い〳〵奥にある。個々の人間のもつ『近代』がすべての因である[5]」、と述べているように、保田にとってアジア太平洋戦争は、近代と非近代との闘争を意味していた。

保田の言う「近代」とは、産業革命以降のヨーロッパ近代文明を意味しており、「近代」はその功利的性格ゆえ、世界を植民地化していく運動体として、アジア人の前に立ち現れることになった。白色人種によるアジア支配は、その必然的帰結であった。そして、保田は「近代」の反動現象こそがアジア太平洋戦争であった、と考えたわけである。このような歴史認識に立つ限り、東条に限らず戦争の原因を特定の一個人に負わせること自体が、まちがっていることになる。

東條大将一人を責める議論は、東條大将が敗北したからこれを責めたやうにうけとれる。しかしこれはをかしな議論である。敗けたから東條大将を責めるならば、その敗北の因となつた、官僚、重臣、政治家、資本家の飛行機製作者等の裏切りを責める方が妥当である。(中略)少くとも今日の青年の良識は、東條大将一人が戦争を始めたとも、東條大将失脚が終戦の原因とも考へてゐないのである。(6)

このように東条英機を弁護する保田だが、他の文章でも「我々は歴史がいつか、今日の所謂A級戦犯を『神の子』として遇する日を想像し得る」、「正しい裁判によつて、彼らは処断されたのではない(7)」、と繰り返し東条らA級戦犯の無罪を主張している。これらを見ても、保田がいわゆる東京裁判史観に関して真っ向から対立する歴史認識を持っていたことがわかる。

保田與重郎における東条英機への言及は、ほかにも確認することができる。たとえば、『絶對平和論(8)』で保田は、二・二六事件時の首相であったことで有名な重臣、岡田啓介と東条について対比的に論じている。同書で保田は、「近頃古い海軍軍人で一時総理大臣にもなつた岡田君が、敗戦について先見の明があつたと語り、戦争の中期から東條君に反対して和平運動をしたいきさつを云うてゐますが、その心情は今ではなさけなく見えます」、と述べている。保田に言わせれば、岡田啓介は「アメリカに敗れるだらうと考へ、アメリカを敵とすることを怖れてゐただけであつて」、「決して日本が『近代』の模倣追従をし『侵略』を行ふことに反対したわけ」ではなかった。

昭和二五（一九五〇）年、『毎日新聞』に連載された「岡田啓介秘話」には、昭和一九（一九四四）年、岡田らが東条内閣倒閣のため奔走したエピソードが紹介されている。ここで岡田は「戦争をつづけてゆけば、日本は国力の最後まで使いはたし、徹底的に破壊され、無惨な滅び方をしなければならない[9]」と考え倒閣に奔走した、と告白している。この言葉を踏まえて保田が岡田を批判していることはまちがいない。

保田がこだわったのは、岡田啓介が道義的な理由で戦争に反対したわけではない、という点にある。保田から見れば、負けそうだから早めに降伏した方が損害が少ないという功利的動機から、岡田は終戦を実現すべく奔走したにすぎず、その動機は道義性とは何の関係もなく、損得勘定で戦争に反対したにすぎなかった。

この点を逆から言えば、岡田と対立した東条の方が、道義的には正しかったことになる。だからこそ、保田は「東條君その他一連の死罪にあつた人々の方」が、「日本の道にめざめて、安らかに死んだだけ幸福」だった、と述べるわけである。(10) この文章をそのまま受け取るならば保田は、東条英機の政策なり思想なりに反近代的性格を認め肯定的に受けとめ評価していた、ということになろう。

たしかに、東条が東京裁判法廷に提出した宣誓供述書には、「一旦戦争が開始せられた以降においては、日本は従来採り来つた大東亜政策の実現、即ち東亜に共栄の新秩序を建設することを努めた」、「大東亜政策の前提である『東亜解放』とは東亜の植民地乃至半植民地の状態に在る各民族が他の民族国家と同様世界において対等の自由を獲んとする永年に亘る熱烈なる希望を充足し、以て東亜の安定を阻害しつゝある不自然の状態を除かんとするものである」(11)、と記されている。「近代化」という概念の内に、西欧近代によるアジアの植民地化という意味が含まれるならば、東条は近代文明に対立する立場にあったことになる。そして岡田は、負ける戦争は辞めなければならないという功利主義的な立場から発想している点で、「近代」の側にあったことになる。

しかし、このような保田の戦争認識は、必然的にある難問(アポリア)を内包しないではいられない。明治以降の日本が脱亜入欧のスローガンの下、西洋化／近代化を押し進めてきたのは、まぎれもない事実である。とするならば、アジア太平洋戦争の戦端を開いた近代日本のありように、西洋的／近代的性格が遍在していることも否定できないはずだ。保田にとって「近代」とは、功利的欲望の追求を本質としている。となれば、アジア太平洋戦争についても、その西洋的／近代的性格、言い換えれば、侵略主義的、植民地主義的性格を認めざるをえなくなるはずである。

この矛盾について、保田ははっきりと自覚している。

日本を近代文明国家にしようと計画した人々は、日本を近代兵備国としようとした人々です。（中略）明治以降何故好戦的国民と見えるやうになつたかといふことは、さきに申しましたやうに、近代世界に対する自衛手段をとつて、日本を近代文明国に仕上げようとした当然の不幸な結果です。（中略）西郷南州は、孔子の極めて文芸的な道徳論を王陽明の学説で学び、さらに本居宣長の系統の学問に心を傾けた人ですが、彼は早くも、近代文明は、決して文明とか文化といふ第一義のものの血統ではないと見破つてゐたのです。[12]

保田はここで明治以降の思想の系譜を、近代化を肯定する流れと否定する流れに分類している。そして、前者は功利的、侵略主義的性格を帯び、後者は平和的、道義的性格を持っていた、と論じている。保田に言わせれば、日本を「近代文明国家」として構築しなおそうとした者たちこそが、「近代兵備国」の建立を夢見た「好戦的国民」であった。それと対立する立場にあるのが、西郷南洲の系譜、具体的には頭山満や内田良平などアジア主義者であった、ということになる（もちろん、頭山や内田が本当に、保田の言うような絶対的平和主義者であったかどうかは、別問題である）。

大東亜戦争を戦つた時の国内の人心には、上下階級の対立とは別個の、西洋近代の発想に従ひ、文明開化の実学の功利観によつてこの戦争を考へた者と、維新の新精神をうけついでアジア解放を人道の光栄とした者との間の氷炭相容れ難い対立があつたのである。戦ひは一つだつたが、戦ふ人の精神は、相容れ得ぬ対立にあつた。この内の戦ひの勝敗は、緒戦以前に、すでに一方の偉大な敗北として、その負目を負ひ、それを心の底に耐へて戦場へ赴くほかなかつた。(13)

坂元昌樹は「保田の〈文学史〉の論理は、現実には、むしろ同時代の日本によるアジア支配を追認するという〈帝国主義的〉な方向に機能した」、と論じている。[14] たしかに、このような指摘を根拠づける言葉を保田の批評から見つけだすことはたやすい。しかし、すくなくとも右の文章を読む限り、保田與重郎は、近代と反近代、西洋と東洋、侵略と解放、功利性と道義性という矛盾する要素が渾然一体となっているような、アジア太平洋戦争の実相に気づいている。言い換えるならば、保田は、その裏面に正反対の要素が潜在していることを承知しつつ、アジア太平洋戦争が内包する道義的性格を、「アジア大革命の根本精神は、明治維新を継承完成する志だつた。さらにいふなら大西郷の精神の継承だつた。この心は大東亜戦争の中にも生きてゐた」[15]、と主張したわけである。

付け加えると、阿川弘之『米内光政』[16]は、東京裁判史観と歴史認識を共有することで、戦争責任に関する議論としては、ある死角を抱え込んでしまっている。保田の文明観にしたがうならば、アジア太平洋戦争の責任は、西洋的近代に追随した側の政治勢力にあったことになるわけだが、阿川の歴史認識、そして、その源流にある東京裁判史観は、この問題を捨象してしまっている。

最後にここまでの考察を踏まえて、あらためて保田與重郎の批評が内包する思想課題を指摘しておきたい。大東亜共栄圏をアジア解放の思想と主張したり、西洋近代こそが侵略戦争の根源であると語るなど、東京裁判史観からあまりにもかけ離れているために、従来、保田の歴史認識は、狂気と暴力に彩られた、きわめて危険な思想のように扱われてきた。このような指摘が保田の批評が内包する独善性や非人道性を照射していることは、私も承知している。しかし、仔細に見れば、保田は、アジア太平洋戦争が内包する功利的性格、侵略的性格を非難しつつ、もう一方で、その反植民地主義的性格をすくい取ろうとしている。誤解を恐れず言えば、戦争を「可能性」として見ようとしている。

エドワード・サイードは『文化と帝国主義』(17)で、植民地支配のもとにある「原住民は独立闘争のなかで、民族と宗教を同じくし、そして西洋のさらなる侵略に対抗するというアイデンティティ感覚のもとナショナリストの集団として結集してきた」、と語っている。その排他的性格を認めつつも、植民地支配の下にあった非西洋圏のナショナリズムは一概には否定しがたいというのが、サイードの立場である。もちろん、現実には抵抗と独善、解放と暴力は分かちがたくむすびつき一体化しているし、目的が手段を浄化すると単純に割り切るにはあまりにも悲惨な事態を戦争は招来する。それも重々承知の上で、あえて思想そのものを取り出してみれば、サイードの主張も、保田與重郎のアジア太平洋戦争観も、さほどの懸隔があるわけではない。史実として日本がアジアの人々に深刻な禍害をもたらしたのはまちがいなく、その歴史認識やナショナリズムのありように関して、実効性を問う視点が欠落しているという批判はまったく正しいのだが、思想そのものが内包する「善意」に関して言えば、絶対的にまちがっていると言い切ることもまた難しいのだ。保田與重郎は、日本によって戦われた戦争はすべて正しいといったような、単純なナショナリズムを主張しているわけではない。

以上、ここまで保田の批評を関心の所在として、本書で取り上げる諸言説の大まかな性格について述べてきたわけが、最後に堀田善衛について説明を付け加えておきたい。本書Ⅴでは堀田善衛『時間』について分析を試みている。この作品で主人公の陳は、表向きは日本軍に協力しながらも、影では国民党政府に日本軍の動向をひそかに伝えており、その過程でさまざまな思索をめぐらしている。堀田はこの作品で東京裁判史観そのものを思索なり批判の対象としているわけではないのだが、東京裁判法廷での南京事件に関する詳細な証言を作品世界に巧みに取り入れ、歴史と実存の問題について思索をめぐらしている。以上のような本作品の内容を踏まえ、『東京裁判の思想課題』という本書の問題意識に十分に収まると判断し、取り上げることにした。

注

(1) 朝日新聞法廷記者団『東京裁判　第一輯』ニュース社　昭和二一（一九四六）・一〇
(2) (1) と同じ
(3) 朝日新聞法廷記者団『東条尋問録　東京裁判特輯』ニュース社　昭和二三（一九四八）・二
(4) 『祖国』昭和二七（一九五二）・八
(5) 「人間の智慧」『祖国』昭和二七（一九五二）・九
(6) (5) と同じ
(7) 「戦犯と国民の良心」『祖国』昭和二七（一九五二）・八
(8) まさき會祖國社　昭和二五（一九五〇）・一一
(9) 『岡田啓介回顧録』中公文庫　平成二七（二〇一五）・二
(10) (8) と同じ
(11) (3) と同じ
(12) (8) と同じ
(13) 『日本の文学史』新潮社　昭和四七（一九七二）・五
(14) 「日本浪曼派の言説戦略」『国語と国文学』平成一一（一九九九）・一二

（15）（8）と同じ
（16）新潮社　昭和五三（一九七八）・一二
（17）大橋洋一訳『文化と帝国主義1』みすず書房　平成一〇（一九九八）・一二

Ⅰ

徳富蘇峰の「国民」観念

――明治維新と昭和の戦争

はじめに

昭和二〇（一九四五）年一二月、徳富蘇峰はA級戦犯に指名されたものの、老齢の上に三叉神経痛に悩まされており、巣鴨拘置所に収容されることなく自宅軟禁となり、出廷も免じられることになった。軟禁が解かれたのは昭和二二（一九四七）年九月である。その間に蘇峰は裁判の準備として、宣誓供述書を秘書に口述筆記させている。同文書は戦犯の弁護に立った林逸郎の手を経て弁護側の証拠として東京裁判法廷に提出されたが、結局却下されてしまっている。そして、蘇峰の戦犯容疑は昭和二二年九月に解除されることになる。(1)

自宅に軟禁されていた間、蘇峰が東京裁判に対していだいた感想や意見については、平成一八（二〇〇六）年にはじめて公刊された『頑蘇夢日記』から、私たちは知ることができる。同書を一読するとき、明治初期から終戦までの長きにわたって、ジャーナリスト、思想家、歴史家として一線で活躍した蘇峰の文明観と表裏をなすような、彼の東京裁判観、アジア太平洋戦争観を、私たちは知ることになる。

たとえば、蘇峰は昭和二一（一九四六）年一二月八日の『頑蘇夢日記』で次のように東京裁判を批判している。

彼等（筆者注、「聯合軍側」を指す）はまず日本の軍閥財閥などが、一大野心を以て、満州を我が物とし、支那を侵略し、東亜を我が勢力範囲に入るるために、無理無体に喧嘩を吹き掛け、遂に自業自得のドン底に陥ったるものとし、その顚末を一個の歴史小説として、創作する積りで、掛かっているから、総べての材料は、皆なそれを目的として蒐集せられ、取捨せられ、選択せられ、組織せられ、按排せられている。ところが事実は全くかかる一大目的があり、一大企図があって、組み立てられたるものではなく、その時その場、所謂るその日その日の出来心と、その時その時の気持で、出来上がったこの一件を、論理づけんと企てたるもので、そこに大なる無理があり、またその無理を通す所に、大なる苦労があることを、認めねばならぬ(2)

蘇峰が東京裁判に対していだいた疑念とは、「軍閥」と「財閥」による飽くなき利益追求の結果が、海外侵略、つまりアジア太平洋戦争となったという連合国側の歴史認識に対するものであった。蘇峰の考え方にしたがうならば、「軍閥」も「財閥」も戦争遂行の責任者ではありえない。同様のことを蘇峰は、昭和二一（一九四六）年二月一一日の『頑蘇夢日記』でも「敵国は勿論、我が同胞さえも、今日は自らこの戦争を以て、不義、不道、無名、無理ただ軍閥財閥の野心貪婪より出で来りたるものと称している。予はこの点に於て大いに意見を異にしている」、と論じている。[3]

意外なことのようにも思えるのだが、今日から見れば、ここで蘇峰が批判の対象としている連合国側のアジア太平洋戦争観は、戦前のいわゆる「講座派」と呼ばれたマルクス主義者たちの歴史認識と近似している。このことは、蘇峰の歴史認識、そしてその延長上で展開される彼の東京裁判批判を理解する上で、重要な手がかりとなる。

そこでまずは「講座派」の説明からはじめると、この名称が登場するきっかけになったのが、昭和初年代に交わされた、いわゆる日本資本主義論争であったことは周知の通りである。この論争では、マルクス主義を視座にしたとき、日本の近代化をどのように理解すべきか、さまざまな議論が交わされたわけだが、日本資本主義の構造分析を主題としたシリーズ本、『日本資本主義発達史講座』で自説を展開した論者たちを、一般的に「講座派」と呼ぶ。たとえば、講座派の代表的論客である山田盛太郎は『日本資本主義分析　日本資本主義における再生産過程把握』[4]で、「日本資本主義の根本的特徴」は、「日本での産業資本の確立過程」が「産業資本と帝国主義化とを同時に規定づける所の、過程として現はれ」、「半農奴的軍事的帝国主義への転化」を遂げたところにある、と論じている。政治的には封建制と近代市民社会の中間に位置するような帝国主義的段階にありながら、経済の領域においては資本主義を実現しつつあるところに、日本資本主義の特徴がある、とここで山田は論じている。

一方、蘇峰は、アジア太平洋戦争を「軍閥」と「財閥」による侵略戦争と位置づける連合国側の主張はまちがっていると批判を展開している。ここで蘇峰は、連合国側の戦争認識に、軍国主義と産業資本の融合に日本資本主義の特徴を求める「講座派」と近似する歴史認識の存在を指摘している。その上でさらに蘇峰は歴史家の視点から、検察側の論証、実証のプロセスを批判していくことになる。「すべての材料は、皆なそれを目的として蒐集せられ、取捨せられ、選択せられ、組織せられ、按排せられて」おり、そのような歴史認識は「歴史小説」にすぎない。何らかの構図に断片としての種々の事実をあてはめ構造化していくような歴史をめぐる認識論的転倒を、蘇峰は東京裁判における連合国側の主張に見たわけである。

たとえば、小林秀雄は「歴史と文学」(5)で、「どの様な史観であれ、本来史観といふものは、実物の歴史に推参する為の手段であり、道具である筈のものだが、この手段や道具が精緻になり万能になると、手段や道具が、当の歴史の様な顔をし出す」、と語っている。歴史を解釈することと歴史そのものは本来別物であるはずなのに、マルクス主義を土台とする社会科学的な歴史認識を盲信すると、理念や思想に基づく歴史解釈を、歴史そのものと錯覚してしまうあやまちを犯すことになる。蘇峰は東京裁判に対して、同様の認識論的転倒を指摘している。理念や史観、思想に基づく解釈を歴史そのものより優先し、それをもって客観的な事実として認識していく姿勢を、蘇峰は連合国側の歴史認識に指摘している。

小林秀雄と徳富蘇峰の共通点はほかにも存在する。たとえば、同じ「歴史と文学」[6]で、小林は次のようにも語っている。

歴史は決して二度と繰り返しはしない。だからこそ僕等は過去を惜しむのである。歴史とは、人類の巨大な恨みに似てゐる。歴史を貫く筋金は、僕等の愛惜の念といふものであつて、決して因果の鎖といふ様なものではないと思ひます。それは、例へば、子供に死なれた母親は、子供の死といふ歴史事実に対し、どういふ風な態度をとるか、を考へてみれば、明らかな事でせう。母親にとつて、歴史事実は、子供の死といふ出来事が、幾時、何処で、どういふ原因で、どんな条件の下に起つたかといふ、単にそれだけのものではあるまい。

ここで小林が語ろうとしているのは、歴史とはその流れに巻き込まれていった人間の「恨み」や「愛惜の念」としてしか存在しえないということである。歴史に翻弄され子どもを失った母親に向かって、歴史は繰り返す、という社会科学的な法則を説いたところでまったく意味をなさない。なぜなら、母親にとってその子どもは交換不可能な存在であり、子を失った「愛惜の念」を抱く母親にとっては、歴史の反復性など、絵空事にすぎないからである。柄谷行人はこのような小林秀雄の歴史観について、「たぶん彼がいいたかったことは、出来事を法則・構造(同一性)や理念(一般性)のなかでの特殊性として見るのではなく、単独性として見なければならないということだ」[(7)]、と論じている。柄谷が指摘するように、小林秀雄が歴史を単独性として見ていたとするならば、過去に発生した種々の出来事は、絶対精神や下部構造のような超越的な観念とのかかわりから解釈することで、その必然性を説明しうるものではなく、さまざまな原因や偶然が複雑に絡み合う形で生起された一回的な出来事である、ということになる。

一方、蘇峰にとってもアジア太平洋戦争は「一大目的があり、一大企図があって、組み立てられたるものではなく」、「その時その場、所謂るその日その日の出来心と、その時その気持が招来した」結果に過ぎなかった。戦争にいたるまでには多数の if があり、さまざまな原因と偶然が複雑に絡み合う形で、結果的に日本は戦争に向かうことになったというのが、蘇峰の認識であった。同様のことは、昭和二一（一九四六）年一二月一九日の『頑蘇夢日記』でも語られている。蘇峰に言わせれば、大正期にも昭和期にも国家に一貫した政策があったわけでもなく、とくに「昭和の御代になってからは、全くの無経綸無方針であった」(8)。

では、社会科学的な歴史認識の方法を退けた蘇峰による歴史叙述の方法とはどのようなものであったのであろうか。小林秀雄は「人類の巨大な恨み」や子を失った母の「愛惜の念」に寄りそうことで歴史の叙述は可能になると述べたわけだが、蘇峰が立脚点を求めた先は人類でも個人でもなく、「国民」であった。

昭和二〇（一九四五）年一一月二六日の『頑蘇夢日記』では次のように語られている。

大東亜戦争なるものは、決して一人の東條、若くはその他数人の者共が、平地に波瀾を起こし、事を好んで製造したるものではなく、東亜を侵略し来る欧米の勢力と、自覚して来る東亜自身の勢力と、互いに衝突したるものであって、東亜接触の史眼から見れば、到底避け難きものであった。（中略）これは畢竟国民的運動であって、これを単に財閥とか、軍閥とかの、局部的運動と見るが如きは、飛（とん）でもなき見当違いである(9)

同様の内容は、蘇峰が東京裁判法廷に提出した「宣誓供述書」にも記されている。ここで蘇峰は、「維新以降の、日本政府と云はず、国民と云はず、寧ろ日本国の運動は、第一は自存のためである」、「第二は自衛の為である。日本国が」「国家の完全なる独立を、外来の勢力より防禦する為めに運動したるものにして、明治より現代に至りたる日本国民が、余儀なく戦争に従事したるも、畢竟多くは皆な如上の理由に基づく(10)」、と論じている。

たとえば、松本健一は「国民意識」とナショナリズムの観念を近代日本に確立しようとしたところに、蘇峰のジャーナリストとしての出発点を指摘している。明治初期の段階にあって、蘇峰は福沢とともに国家を支える人的基盤としての「国民」の必要性を痛感しており、だからこそ、架空の「国民」に事実、情報を伝える新聞をつくることで、国民意識を喚起し、その観念を実体化しようとしたというのだ。民友社、そして雑誌『国民之友』をつくり、みずからが社主となって発行した新聞の誌名を『国民新聞』としたのも、このような蘇峰の文明観にもとづく(11)。

念のためつけ加えておけば、日清戦争後、蘇峰は「皇室」を日本の中心として位置づけるようになるが、その文明観が保守化、あるいは右傾化していく中にあっても、蘇峰の中で「国民」観念が、超越的な位置を占めていたことはまちがいない。蘇峰は「国民」と「皇室」を一体としてとらえている。「民衆の心と合体するが、君徳の一大要目である」、「君心即ち民心、民心即ち君心、君民一致の融和、契合が出て来るを得るものである」[12]、と彼自身説明するとおりである。

蘇峰にとって尊王攘夷とは「天皇陛下の前にあっては、平等なる国民となり、世界に対しては平等なる人種となる」ため、「国内では、武門武士、封建割拠、凡有る階級制度を打破し、世界的には白人に対し、有色人種の立場を擁護する水平運動」[13]を意味していた。封建制の否定と列強による植民地支配への抵抗は、尊王攘夷という「国民運動」の両側面として把握されており、蘇峰の歴史認識にあって天皇制は、階級制度を否定して「国民」が成立していく基盤として、あるいは、対外的な危機感をきっかけに「国民」が成立していく上での結節点として位置づけられている。

今日から見れば、このような蘇峰の「国民」観念は、ツヴェタン・トドロフの言うポピュリズムの概念に近い。トドロフによれば、ポピュリズムは右派にも左派にもなりうるものであり、左右を問わず被支配層から支配層にむかって批判を展開する運動としてある。[14]これを蘇峰の「国民」観念に引きつければ、江戸幕府に対峙する被支配層も「国民」であり、白人による植民地化の危機に直面する日本人全体も「国民」であることになる。前者は近代市民を概念の内実とする「国民」、後者は日本人全体を表象する「国民」であり、両者は重なりつつも、その中心軸を市民に置くか、国家に置くかという点で微妙な語調(トーン)のちがいを形成している。蘇峰の「国民」観念はこれらふたつの観念の融合としてある。だからこそ、彼の主張は近代市民社会の精神にも国家主義にも通じるものとしてあるわけである。

話をもとに戻すと、そのような蘇峰が、日本人を「国民」という統一的な意思を持った有機的全体性として表象した上で、アジア太平洋戦争を「国民運動」としてとらえようとしたのは、きわめて自然なことであったと言えるだろう。「国外の警報は、直ちに対外の思想を誘起し、対外の思想は、直ちに国民的精神を発揮し、国民的精神は、直ちに国民的統一を鼓吹す」(15)と語る蘇峰にとって、「国民」とは、幕藩体制への抵抗運動に加えて、列強による植民地化への抵抗運動に日本人全体が参加した結果、成立した心性、あるいは存在様式であった。

「国民」の成立にジャーナリスト、思想家としての使命感を抱いていた蘇峰は、ここに立脚することによってのみ、その歴史叙述は正当性を獲得しうるという考えにいたることになる。

小林秀雄が「人類の巨大な恨み」や子を失った母の「愛惜の念」に歴史叙述の立脚点を求めたとするならば、蘇峰は幕藩体制の下で苦しんだ日本人の呻吟や、列強によるアジア蚕食に対する危機意識に寄りそうことで、はじめて歴史叙述が可能になると考えたわけである。

これを別の視点から説明すれば、一九世紀後半の帝国主義的な世界情勢を背負う「国民」観念を視座として、アジア太平洋戦争を叙述するということは、明治維新とアジア太平洋戦争を無媒介的に直結してしまうことを意味している、とも言うことができよう。だからこそ彼にとって東京裁判史観は、列強の傲慢の現れ以外のなにものでもなかったのである。

満州事変への関心

このような蘇峰の戦争観の延長上に、彼の満州事変に対する、なみなみならぬ関心があったことはまちがいない。だからこそ蘇峰は、東京裁判公判の中でもとくに前満州国皇帝、溥儀の出廷に関心を抱いたわけである。

蘇峰は満州事変を明治維新の輸出として理解していた。西洋諸国によって蚕食されたアジアが、日本の影響の下で列強への抵抗運動を開始したのが、満州国建国であると、蘇峰は考えていた。昭和二一（一九四六）年八月一日の『頑蘇夢日記』で「明治以降に於ける、日本人の工作としては、満州国の出来は、傑作と信じている」[16]、と蘇峰が語っているのはそれゆえである。

また、東京裁判法廷における溥儀の証言について蘇峰は、八月三〇日の『頑蘇夢日記』で「溥儀氏は徹頭徹尾、日本の脅迫によって天津を去り、日本の脅迫によって満州に赴き、日本の脅迫によって満州国の執政となり、皇帝となり、以て昨年に至った。それで溥儀氏は、未だ一日たりとも、日本に報復するの志を忘れたことはない」、と述べている、しかし、もう一方で蘇峰は溥儀の満州入りは、嫌がる溥儀に日本が強制したようなものではなく、「日本及び溥儀氏もしくは溥儀氏側との合作であるという事が、最も事の真相を得たる見方と思う」[17]、とも語っている。日本が溥儀を利用したことを認めつつも、溥儀自身、みずから進んで日本に協力し積極的に満州国の建国にかかわろうとしたことも否定できない、と記しているわけである。

実は、蘇峰は溥儀が昭和一〇（一九三五）年、満州国皇帝として来日した際に直接面談している。蘇峰の満州事変観は、その時の印象にもとづくところが大きい。面談の際に、蘇峰は溥儀に「日本の今日を来たしたのは、実に明治天皇で在らせられます。ついては陛下も願くは、御先祖ばかりで無く、我が明治天皇についても御学びあって然可くと存じ奉る」と語ったところ、溥儀は「実は自分も、明治神宮に参拝し、かつ絵画館をも見、何んとなく敬虔の念に打たれて、実に非常に自分の心に感激を覚えた」[18]と返答したと、蘇峰は伝えている。明治天皇を精神的な師と仰ぎつつ満州国の指導に当たりたいと直接、溥儀が自分に語った事実にもとづき、蘇峰は東京裁判法廷における溥儀の、日本の脅迫によって満州国建国に協力することになったという証言こそが、事実をねじ曲げ本心を偽った虚言である、と非難しているわけである。

蘇峰と溥儀との会談は、蘇峰のアジア太平洋戦争観ともかかわる、もうひとつの興味深い事実を内包している。それは蘇峰が、昭和天皇ではなく、明治天皇を理想の君主として参考にするよう溥儀に薦めていることである。アジア太平洋戦争を明治維新と無媒介に結びつけ理解しようとする蘇峰の歴史認識のあり方は、さきほど指摘した通りだが、ここにもその片鱗が見え隠れしている。蘇峰はやはり満州国建国が第二の明治維新になることを望んでいた。

この点については、蘇峰独特の明治天皇観を理解することで、よりあきらかになってくる。梶田明宏によれば、君徳養成という面において明治天皇に影響を与えた元田永孚は、蘇峰の父徳富一敬と同じく、横井小楠を中心とした実学党のメンバーであり、蘇峰自身も小楠の道統であるという意識を強く持っていた。その結果、蘇峰は、「明治天皇の君徳が、同じ道統の人物によって輔導されたという、特別な思いがあった」[19]という。

たしかに、東京裁判法廷に提出した宣誓供述書においても蘇峰は、横井小楠と明治維新とのかかわりや、小楠から受けた思想的影響について、くりかえし語っている。

横井小楠は、彼の父親、徳富淇水の師であり、小楠の妻と蘇峰の母は、姉妹であって姻戚の関係にあり、一般的には、生涯にわたって蘇峰は小楠の思想の影響下にあったと目されている。さらに蘇峰は、「小楠は明治維新の改革に際しては、其の重もなる指導者の一人であつて明治維新の根本国策の基調とも云ふべき〝五条の御誓文〟」「の根本精神は小楠のインスピレーションに本づく」ものであった[20]、と小楠が明治維新にあって果たした役割を高く評価していた。とするなら、明治維新は小楠学派の文明観や国家観の結晶化であったことになる。だからこそ、蘇峰は昭和の日本ではなく明治の日本に、なみなみならぬシンパシーを抱いていたのだろう。蘇峰にとって明治国家は小楠学派の系譜を引くみずからの文明観なり国家観を客体化した存在であった。

そして、明治天皇に漢学を講じ君徳養成につとめたのが、蘇峰と同じく小楠の学統に属する元田永孚であった。横井小楠は「虓て頑冥党の為めに暗殺せられたが、彼れの志は、彼の門人でもあり、且つ友人でもある元田永孚に依て完成」されることになった。その元田永孚はやがて明治天皇に対して漢学を進講することになる。蘇峰は「個人として、明治天皇に畏れながら最も深甚なる感化を与へ奉りたるは、日本人としては元田永孚である」[21]、と考えていた。つまり蘇峰は明治天皇に対しても、小楠学派の流れを汲む存在としてシンパシーを感じていたわけである。

ここから元田永孚が、蘇峰にとって明治国家と彼をつなぐ唯一絶対の回路のような存在であったことがわかるわけだが、元田永孚に寄せる蘇峰の思い入れが出版という形をとって現れたのが、『元田先生進講録』である。明治四三（一九一〇）年一月、民友社から出版された同書について蘇峰は、「元田永孚は、如何なる事を天皇に告げたかは、予が曾て出版したる『元田先生進講録』が、詳しく之を語っている」[22]、と語っている。蘇峰にとって、元田永孚による進講は、蘇峰自身がその学統を継ぐ小楠学派の理念そのものであった。言い換えるならば、蘇峰にとっては、明治国家も明治天皇も彼自身の分身であったのである。

先ほど蘇峰が溥儀にむかって明治天皇を師と仰ぐよう薦めたエピソードを紹介したが、その理由はもはや明らかであろう。元田の教え、つまり『元田先生進講録』を体現する明治天皇を溥儀が理想とすることは、小楠学派の系統を引く蘇峰の思想や文明観、国家観が国を超え世界にむかって拡大していくことを意味していた。

ところで、その『元田先生進講録』であるが、同書では、国会開設をひかえた明治初期にあって、明治天皇、あるいは近代天皇制が、西洋の議会制民主主義をどのように受けいれるべきか、儒学に代表される伝統的な統治観念をよりどころにして進講されている。元田によれば、西洋各国では、民衆の台頭によって君主の権威が侵されるようになり、その結果、憲法や種々の法律を設置して、君主と民衆との権力の平衡を図る必要にせまられ成立した政治制度が、議会制民主主義であった。一方、日本の場合、「彼の国と、建国の体を異にし」ており、日本国民は「皆皇祖皇宗の赤子にして、餓れば之に賜ふに、食を以てし、寒ければ、之に賜ふに衣を以てし給ひしなれば、憲法を建てゝ、其の自由を与へ給ひ、各種の法律を設けて不法を制し給ふも、総て君徳中の事にて、民の権利は皆君権にありて、君権は、君徳の勢力範囲を云ふなり」、ということになる。たとえ、憲法が国民にさまざまな権利を保障したとしても、それは西洋の議会制民主主義のように、君主と人民との間の権力の拮抗を意味するものではない。民をいつくしむ天皇による君徳のひとつである。元田にしたがえば「将来憲法を建てられ、国会も開かれ、公義与論（ママ）をも御採用あるとも、西洋の立憲政体とは根元既に別なる者にて、万の法律、一つも君主の大権に帰せざるなし(23)」、ということになる。西洋風の議会制民主主義を受けいれながらも、その精神においては、権力や武力を頼みとせず、天皇が体現する儒教的君徳によって人びとを感化し、敬服せしめ、もって統治を実現するというのが、元田が明治天皇に進講した「この国のかたち」であった。

また、元田によれば、天皇が体現すべき「君徳」とは、「天体」、天の理なり意思なりを実現することを意味するわけなのだが、世界の国々は「天体」にのっとって統治を行うことがかなわず、「独り本朝の君体のみ、天と同一体」となっており、だからこそ「宇内に冠たるなり」と言うことができるという。「宇内に冠たる」とは今日にあってその意味を理解することは困難な表現であるが、要するにこの世界にあって頂点に君臨している、というほどの意味である。天皇が「天体」を体現し君徳をもって統治を実現していくところに世界における日本の超越的な価値があると、元田は明治天皇に説いたわけである。(24)

『我等の日本精神』(25)において、蘇峰は「私は熊本県の先輩横井小楠先生が『何ぞ富国に止まらん、何ぞ強兵に止まらん、大義を四海に布かんのみ』と云はれた通り」、「天皇中心主義を以つて世界に臨み」、「満州国と立派な結合をなし、亜細亜の平和を維持し、進んで欧羅巴に向つて、我々の本領を現はして」いくべきである、と論じている。ここで蘇峰は、天の意思を実現し、権力や武力など実際的な威力に頼らず、君徳をもって人びとを統治するような道義的共同体を指して、「天皇中心主義」と呼んでいる。横井小楠の「天皇中心主義」を「大義を四海に布かん」と意図していた蘇峰にとっては、満州国の建国もアジアの解放もすべて、明治維新の、あるいは小楠学派の、世界への「輸出」とそれにもとづく新しい文明の建設を意味していた。

「八紘為宇」の行方

蘇峰の「天皇中心主義」と、彼の戦争観とのかかわりを考えていく上で、さらに重要な点は、蘇峰が、元田永孚の、ということは明治維新の文明観、国家観を、内政上の統治原理としていただけでなく、日本が世界空間に参画していく上での指針にもしようとした点にある。内政においても外交においても、西洋文明にあっては「覇道」、つまり権力や武力、経済力など実際的な威力に訴えることを常としているが、東洋にあっては「王道」、道義的精神性をもって事にあたるのを常としており、西洋文明よりもすぐれている、このような東洋文明を基本原理として、日本がアジアを解放し、西洋と対峙していくところに、蘇峰は世界化した日本の進むべき道があると考えていた。

たとえば、昭和二一（一九四六）年一二月二八日の『頑蘇夢日記』で、蘇峰は次のように語っている。

日本の雰囲気は、まず現代史のペルリ来訪以来の頁を繰って考うれば、尊皇攘夷から開国進取となり、開国進取から八紘為宇となり、その間に一貫したる脈絡がある。（中略）尊皇攘夷も八紘為宇も、その精神、その目的は正さしく同一である。それは何かといえば、日本が世界強国大国並の立場に立って、国際社会に、立派な一人前の働きをしたいという に、落着する。尊皇攘夷という事は、消極的の言葉であって、開国進取という事は、積極的の言葉である。（中略）八紘為宇という事は、開国進取の究極の目的を、指点したるものであって、所謂る我が皇道を、世界に宣揚するという意味に他ならない。(26)

この文章においてとくに注目すべきは、「八紘為宇」（一般的には「八紘一宇」と記される、以下、一般的な語法と蘇峰の用語を区別して記す）を、「日本人も亦、日本文化を以て、世界に貢献せんとする意味」で用いている点、「皇道」が内包する世界文明の発展に寄与するための理念が「八紘為宇」であった点である。言い換えるならば、「八紘為宇」とは蘇峰にとって、天皇が体現する日本的あるいは儒教的な政治理念を世界的視点からとらえかえした言葉であった。

ところで、島田裕巳によれば、日本政府が公式に「八紘一宇」という言葉を用いたのは、昭和一二（一九三七）年一一月に文部省や内務省によって編纂された『日本精神の発揚　八紘一宇』にはじまる。(27) 同書では、「八紘一宇」について（蘇峰の「八紘為宇」と同じ内容を意味すると考えられるが、こちらは「一宇」と記されている）、「外国の覇道主義の国家に見られる如く、他国を領有しようとする侵略的思想」とはまったく異なるものであり、「各国家・各民族をして夫々その処を得、その志を伸さしめ、かくして各国家・各民族は自立自存しつゝも、相倚り相扶けて」いく精神を指す、と説明されている。もともと「八紘一宇」は、『日本書紀』の神武天皇を記した件に登場する言葉だが、『日本精神の発揚　八紘一宇』では、「八紘一宇」の精神は「国家と国家の無限の戦争」をくりかえす世界史から各民族、各国家を救済しうる「理想的精神」である、そして日本のみが「漂へる国家・民族に不動の依拠を与へて、国家・民族を基体とする一大家族世界」を実現しうる歴史的使命を負っている、と記されている。「八紘一宇」の精神を体現しているという意味において、日本は世界中の諸国家に対する道義上の絶対的優位性が保証されており、したがって、日本が世界の盟主となることこそが、世界を道義化する結果をもたらす、同書ではここに日本の使命と義務が求められている。

『日本精神の発揚　八紘一宇』には今ひとつ興味深い点がある。それは「八紘一宇」の精神を視座として、満州事変から日支事変にいたる経緯もまた解説されていることである。辛亥革命をきっかけに中国では孫文の三民主義が国是となったが、三民主義は近代国家建設の中心思想であると同時に、排外運動、抗日運動を伴うものであった、だからこそ、日本は「東亜の平和」と「古き伝統を有する満州諸民族」のために満州事変を起こしたと、同書では説明されている。満州国の建設は「東亜をして本来の伝統に復帰せしめ、東洋処邦をして道義的結合を成就せしめる」ところにあった。にもかかわらず、欧米や中華民国はこれを理解せず、国連を脱退することになり、日支事変へと発展していくことになった。そして、さらに、「コミンテルン」が「東亜赤化」をもくろむようになった。「三民主義」にせよ「コミンテルン」にせよ、「東亜の平和を危くし、延いては東洋全局を混乱に導き、光輝ある東洋の道義的精神を破るものであって、万象をしてその処を得しめ、その生命を永遠に育ていつくしむ我が『八紘一宇』の精神」に反するものであると、同書では説明されている。西洋の「覇道」を排他的な暴力思想、東洋の「八紘一宇」を連帯の思想と対立的にとらえた上で、中国の西洋化が東亜の平和を乱し、「八紘一宇」の精神に反したがゆえに日中は戦争になったと、『日本精神の発揚　八紘一宇』では説明されている。

これと蘇峰をくらべてみると、蘇峰の場合、『日本書紀』に記されたような古代の逸話に直接的に回帰する形で、その意味を定義しているわけではないことに気づく。「開国進取から八紘為宇となり」と語る蘇峰にとって「八紘為宇」とは、古代の精神ではなく、小楠学派の文明観と通じる明治の精神であった。だからこそ蘇峰にとって満州事変の第一義は、西洋文明の影響下にある満州を東洋の精神文明に回帰せしめるところにではなく、明治維新を「輸出」するところにあったわけである。

このような一見、意外にも思える、蘇峰の「八紘為宇」の「近代性」は、石原莞爾や宮沢賢治が属した法華経系の仏教団体、国柱会の創始者、田中智学との対比からも浮かび上がってくる。

さきほど言及した『日本精神の発揚　八紘一宇』は政府がはじめて「八紘一宇」という言葉を公式に語った書であったが、ジャーナリズムや論壇にはじめて「八紘一宇」という言葉が登場したのは、大正一一（一九二二）年に発刊された田中智学の『日本国体の研究』であったことは、よく知られた話である。同書において智学は「日本といふ国が、日本ばかりの日本ではなくて、世界のための日本であることを考へねばならぬ」と説いた上で、「日本の先祖が、世界の先祖であるといふことは、日本が世界の中心であるところから起つた話」である、と記している。日本民族こそが人類の始祖とも言うべき存在であり、同時に智学によれば、日本は正義を保護し、世界を救済するために神が建国した国でもあった。その彼にとっては、日本が実現すべき正義は、「八紘一宇の理想を実現し、六合一都の主力を奠定して、宇内人種の帰嚮を一[28]」にするところにあった。

一読するだけで、その独善ぶりに目もくらむような極端な人種主義を、智学が主張していることがわかるだろう。このような智学の主張をふまえつつ、あらためて蘇峰の思想を見てみると、同じ「八紘一宇」（蘇峰の場合は、「八紘為宇」）を主張しながらも、蘇峰の場合、人種主義的思想との論理的連携を切断している点に、智学との差異を確認することができる。『興亜の大義』において蘇峰は、「我が皇国日本は、皇室中心の団体にして、民族中心の国体ではない」、「民族中心の国家に於ては、異民族に対して、当然差別待遇を加え、民族相互間の摩擦は勢ひ免れない。然も皇室中心の国家に於ては、皇室の恩徳は太陽の如く、その広大無辺の光と熱とは、一切の衆生を渾和、融合して、一体ならしむ[29]」、と主張している。蘇峰においては、「民族」と「国民」は厳密に区別されており、結果、「君徳」、ここで言うところの「皇室の恩徳」は、人種を超えて「一切の衆生」におよぶ可能性が担保されることになる。

とはいえ、今日から見れば、日本民族以外の人びとが蘇峰の議論に同調する可能性があったとは、とても考えられない。ハンナ・アーレントが言うように、「国民国家は征服を行った場合には、異質な住民を同化して「同意」を強制するしかない[30]」のであり、たとえ蘇峰の「八紘為宇」が人種主義を超越していたとしても、アジアの諸民族や西洋の諸民族から見れば、智学の議論と五十歩百歩であったことは、容易に想像できるはずである。

天皇制とアジア主義

ところがその蘇峰も、東京裁判において南京事件についての審議が進むにつれて、「八紘為宇」の理念は空疎な観念にすぎなかったのではないか、と考えるようになる。昭和二一（一九四六）年八月二一日の『頑蘇夢日記』で蘇峰は次のように語っている。

予が失望をしたのは、我が国民は到底八紘為宇などといって、皇道を世界に宣布するという如き、大なる役目を果すべき柄でないという事を、あらゆる行動に於て、あらゆる場所に於て、あらゆる時に於て、あらゆる事について、一切合切暴露した事について、頗る失望しているのである。その一例を挙ぐれば、これは支那事変の一幕であって、大東亜開戦の前幕であるが、南京に於ける我兵の暴行の如きが、それである。これでは何というても、余りにだらしがない。かくの如き事をして、亜細亜を解放するなどという事は、飛でもない間違いである。[31]

蘇峰の「国民」観念、あるいは歴史認識が、かりに正しかったとするならば、皇室によって感化された「国民」は「八紘為宇」の実践主体であったはずであり、とするならば、南京におけるさまざまな犯罪的行為は起こらなかったはずである。にもかかわらず、中国において、とくに南京において、すくなからぬ中国人が日本人による犯罪行為の被害者となった（南京事件についてはⅡであらためて言及する）。とするならば、その必然的な論理的帰結として、そもそも蘇峰が信じた「国民」はこの国に存在しなかったことになる。

蘇峰は戦後、アジア太平洋戦争を自分なりに総括する中で、明治には存在した「国民」が昭和に入って姿を消してしまった、と考えるようになっていった。たとえば、蘇峰は昭和二〇（一九四五）年八月二〇日の『頑蘇夢日記』で「皇室が国家的大運動の原動力にあらせ給うべく、ついては大東亜征戦に於ても、主上、御自ら神武天皇、明治天皇の御先例に則らせ給はん事を、願望奉った」、このことを「某海軍将校」を介して「直宮殿下に申上げ」たところ、「それでは主上を戦争の渦中に捲き込む畏れありというような思召にて、御取り上げなかった」[32]、と語っている。

「凡そ人君の徳は、唯一なるを貴しと致します」、「譬へば民を愛しますれば、唯一心に、何の余念もなく、民を愛」する、「元田先生は、明治天皇に向って進講した。即ち此の純粋無雑なる一心を、民衆の心と合体するが、君徳の一大要目である」、「君民一致の融和」「の活ける典型は、恐れながら明治天皇御一代の歴史に存する」[33]と語る蘇峰から見れば、神武天皇や明治天皇にならい、昭和天皇が日本人全員とともにあることで、東洋の道義的、精神的優越性を説いた横井小楠や元田永孚の文明観は、はじめて日本人全員によって共有されることになる。そして、その時、「八紘為宇」の実践主体としての「国民」が成立するはずであった。しかし、結局、天皇に戦争責任が及ぶという理由で、蘇峰の上奏は拒否されてしまうことになる。

この一件は蘇峰にとって痛恨の極みとも言うべき出来事であったことはまちがいない。昭和二一（一九四六）年五月二六日の『頑蘇夢日記』で、蘇峰はこの一件を振り返って、「昭和の御代を通じて、最も遺憾であった事」は、「天皇が常に第三者の態度を以て、国民に臨み、国家に臨み、国家危急存亡の場合に臨ませ給うた事」であり、「甚だ恐れ入たる申し分ではあるが、これが敗戦の来したる、唯一とはいわぬが、重もなる原因の一」[34]であった、と語っている。天皇と人びとを分離した結果、天皇の「君徳」を内面化したような「国民」はこの国から姿を消し、結果「国家的大運動」を興すこともできず、日本は敗戦を迎えることになった、そう蘇峰は考えたわけである。

このような蘇峰の反省の弁については、さまざまな視点から批判することは可能であるが、もっとも根本的な問題は、彼が信じた明治国家の実体、すなわち「国民」そのものが、その存在を疑われるところにある。

たとえば、蘇峰は吉田松陰について「彼が精神上の父は、敵愾尊王の気象にして、其母は国歩艱難なり。則ち此二者の合体よりして、殉国殉難なる人物たる吉田松陰は出で来れり」[35]、と記している。天皇への崇拝の念とペリー来航にはじまる列強の圧迫が吉田松陰を作り上げたと語っているわけだが、このような松陰を、蘇峰が言う「国民」の先覚者と見るならば、蘇峰の「国民」観念もまったく根拠なしとは言えない、ととりあえずは言うことができる。吉田松陰やその弟子たち、高杉晋作や伊藤博文、山県有朋たちが、松陰の影響下で尊王攘夷に挺身したのはまちがいなく、結果的に、幕藩体制が崩壊し、封建的な身分制度を廃する形で明治国家が成立したことは、まぎれもない事実である。

しかし、そのような「国民」たちが、後に「八紘為宇」と言われるようなアジアの解放、白色人種と黄色人種の平等な世界の実現を目指したかと言えば、それは史実とは異なる。伊藤博文の「所謂大亜細亜主義トハ抑〻何ゾヤ。凡ソ此種ノ論法ヲ口ニスルモノハ、深ク国際間ノ情偽ヲ察セズ、動モスレハ軽率ナル立言ヲ為スガ故に、忽チ西人ノ為メニ誤解セラレ、彼等ヲシテ黄禍論ヲ呼バシムル」[36]という言葉、山県有朋の「露骨なる人種論を提げて是等諸国の感情を害し、交誼を損する如きは政治家たる者の最も警むる所にして固より帝国の為すべき所に非ず」[37]という言葉からもわかるように、松陰の弟子たち、明治国家を率いた伊藤や山県たちは、徹頭徹尾、アジアを他者として扱おうとしていた。彼らにとって、アジアは同じ人種でもなければ、同情すべき同胞でもなかった。むしろ、アジアとの連帯を疑われることで西洋列強に警戒され、敵視されることを、彼らは極度に恐れていた。列強の末席に連なり、独立を保持しつつ、可能ならばアジアにおける国家的利益を拡大していくところに、彼らの基本的な外交方針があった。

頭山満らの玄洋社、内田良平らの黒龍会、あるいは近衛篤麿らの東亜同文会など、アジア主義の思想的水脈が近代日本に存在したことは否定できないが、彼らの運動が国家の理念や外交政策の基軸に据えられることはなかった。たしかに昭和に入って後、「八紘一宇」の名の下にアジアの解放が政府によって声高に叫ばれるようにはなったが、先ほど言及した『日本精神の発揚　八紘一宇』を見れば明らかなように、その大義も、満州事変や日支事変を道義的に粉飾し、聖戦化するための「あとづけの理屈」の域を出るものではなかった。

このように見てくると、蘇峰の言う「八紘為宇」の理念を、官民を問わず日本人全体が基本理念として共有し、国民的運動として推進したことなど、明治以降、一度もなかったと言わざるをえない。満州事変から日支事変を経て日本が国際的に孤立していく過程で、「八紘一宇」、すなわちアジア解放の理念は、政府によって唱道されるようになっていくが、それ以前の段階にあっては、東亜同文会や玄洋社など一部の右翼系団体によって主張されていたにすぎなかった。アントニオ・ネグリ、マイケル・ハートが「さまざまな社会的アイデンティティや国民は、じつは決して首尾一貫した想像の共同体であったことはない[38]」と指摘するとおりである。「八紘為宇」は、天皇にもっとも近い存在であった明治国家のリーダーたちによってさえも共有されることはなかった。

これを踏まえれば、蘇峰は、倒幕と新国家建設に従事した維新の立役者たちを「国民」という全体性に言い換えて実体視し、しかも「八紘為宇」という彼らすら危険視した理念を、その「国民」観念に内属させていたことになる。架空の観念を実体視し、しかもこれとの関係性の中で戦争を理解していこうとしている点で、蘇峰は、二重の意味での認識論的転倒を犯している。蘇峰は、昭和二〇（一九四五）年一〇月二五日の『頑蘇夢日記』で「大東亜戦争は、世界水平運動の一波瀾であった。いって見れば、明治維新の大改革以来の、継続的発展であり、いわば明治維新の延長といっても差支ない」[39]、と語っている。このような認識は、いわゆる靖国史観、「我々の父祖の世代が百年に亙つて直面してゐたのは、米国を主導とする欧米連合諸国の巨大な敵意」であり、「それは日本の存在が彼等の自己拡大運動を塞ぎ止める端的な障礙であり抵抗であるが故に我らに向けられたもの」[40]であったと、歴史認識との高い同調性を示している。いずれにせよ、「国民」観念を媒介にして、明治維新と無媒介的に昭和の戦争を結びつける蘇峰にとって、アジア太平洋戦争は、ペリー来航と同義であり、列強によるアジア蚕食の一変調(バージョン)にすぎなかった。蘇峰にとってアジア太平洋戦争の責任は、一方的に米英が負うものであったのである。

東京裁判における連合国側の戦争認識について、蘇峰は認識論的転倒を指摘したが、小林秀雄が歴史に巻き込まれる個人を視座としたのに対して、蘇峰の場合「国民」という集合的表象を視座としたことで、結果的に彼が批判した連合国側と同じく、歴史を構造として、あるいは反復として叙述するあやまちを犯してしまっている。小林秀雄の言う「母」と蘇峰の言う「国民」をくらべてみれば、現実世界におけるさまざまな一回的な出来事に翻弄される人間に、歴史に対する視座を求めている点では一致しているものの、小林の場合は子供の死、蘇峰の場合は西欧列強による植民地化というように、みずからの生を脅かす「歴史」そのものが、蘇峰にあっては、時間的、空間的に拡大され文明論上の問題として構造化されてしまっている。歴史を見つめる視点が「個人」から「国民」へと拡大されている蘇峰の場合、その歴史とは「国民」によって共有された歴史であらざるをえず、偶然や一回性が歴史をある方向へと導いたとしても、その偶然や一回性は西洋列強によるアジアの侵略という必然の中で生じたわずかな誤差にすぎない。言い換えるならば、蘇峰が言う「国民」という集合的表象は時間を超えて存在しており、その論理的帰結として、満州事件、日支事変、太平洋戦争、これらすべてが明治維新の反復として語られることになった。

倒幕に参加した志士やアジア主義者など一部の人間をもって、全体性を表象する「国民」と言い換え、そこに日本人全員を押し込め、アジア太平洋戦争を、「国民」の抵抗運動として語る蘇峰のアイデンティティ・ポリティクスは、明治以降のすべての戦争を平等と独立をもとめる「国民」の抵抗運動として位置づけることで、道義的に正当化するものとなっている。それゆえ、蘇峰による東京裁判批判、アジア太平洋戦争の総括は、今日の私たちにあやういものと感じざるをえない。蘇峰の言う「国民」の観念的性格に気づかないままに彼の主張に耳を傾けてしまうとき、私たちは架空の超越的観念から演繹的に紡ぎ出された歴史認識、事実への検証を欠いたアジア太平洋戦争のロマン主義的肯定論へと導かれていくことになるのである。

注

(1) 安藤英男『蘇峰　徳富猪一郎』近藤出版社　昭和五九（一九八四）・四
(2)『徳富蘇峰　終戦後日記―頑蘇夢物語Ⅲ』講談社　平成一九（二〇〇七）・四
(3)『徳富蘇峰　終戦後日記―頑蘇夢物語Ⅱ』講談社　平成一八（二〇〇六）・一二
(4) 岩波文庫　昭和五二（一九七七）・九
(5)『改造』昭和一六（一九四一）・三、四
(6)（5）と同じ
(7)『探究Ⅱ』講談社　平成元（一九八九）・六
(8)（2）と同じ
(9)『徳富蘇峰　終戦後日記―頑蘇夢物語』講談社　平成一八（二〇〇六）・七
(10) 小堀桂一郎編『東京裁判　日本の弁明』講談社学術文庫　平成七（一九九五）・八
(11)「〈インタビュー〉近代日本史を描きえたジャーナリスト」杉原志啓他編『稀代のジャーナリスト　徳富蘇峰』藤原書店　平成二五（二〇一三）・一二
(12)『昭和一新論』民友社　昭和二（一九二七）・二

(13)『戦時慨言』 明治書院 昭和一二(一九三七)・一〇
(14)大谷尚文訳『民主主義の内なる敵』 みすず書房 平成二八(二〇一六)・七
(15)『吉田松陰』 民友社 明治二六(一八九三)・一二
(16)(2)と同じ
(17)(2)と同じ
(18)『満州建国読本』 明治書院 昭和一五(一九四〇)・一、引用は(2)と同じ
(19)「徳富蘇峰における明治天皇と昭和天皇」 杉原志啓他編『稀代のジャーナリスト 徳富蘇峰』 藤原書店 平成二五(二〇一三)・一二
(20)(10)と同じ
(21)(10)と同じ
(22)(10)と同じ
(23)吉本襄編『元田先生進講録』 民友社 明治四三(一九一〇)・一
(24)(23)と同じ
(25)民友社 昭和一一(一九三六)・九
(26)(2)と同じ
(27)『八紘一宇』 幻冬舎新書 平成二七(二〇一五)・七
(28)『日本国体の研究』 天業民報社 大正一一(一九二二)・四
(29)『興亜の大義』 民友社 昭和一七(一九四二)・九

(30) 大島通義・大島かおり共訳『全体主義の起原』2 みすず書房 昭和四七(一九七二)・一二
(31) (2)と同じ
(32) (9)と同じ
(33)『昭和一新論』民友社 昭和二(一九二七)・一二
(34) (3)と同じ
(35) (15)と同じ
(36) 鶴見祐輔『後藤新平』第二巻 勁草書房 昭和四〇(一九六五)・九
(37)「対支政策意見書」大正三(一九一四)・八 引用は大山梓編『山県有朋意見書』原書房 昭和四一(一九六六)・一一
(38) 水島一憲他訳『〈帝国〉グローバル化の世界秩序とマルチチュードの可能性』以文社 平成一五(二〇〇三)・一
(39) (10)と同じ
(40) 小堀桂一郎「解題」『靖國神社遊就館図録』靖國神社 平成二〇(二〇〇八)・二

II　松井石根の大亜細亜主義

――「同胞」と「皇国民」

はじめに

松井石根（いわね）は、昭和一二（一九三七）年八月、第二次上海事変の勃発にともない、上海派遣軍司令官を任命され、戦闘の指揮にあたった陸軍軍人である。南京占領に際して日本軍による住民の虐殺・強姦・略奪が繰り返されたとされる南京事件は、松井指揮下の部隊によるものであった。東京裁判において松井は、その責任を負う形で死刑判決を受け、処刑されることになる。と言っても、それは、組織的犯罪として南京市民の虐殺を指揮したからではなく、暴徒と化した日本軍兵士による虐殺や強姦、略奪に対して阻止や防止、関係者の処罰を怠ったという、監督責任を問われての死刑判決であった。

松井の政治信条であった「大亜細亜主義」は、頭山満の玄洋社や内田良平の黒龍会、犬養毅、宮崎滔天、近衛篤麿、北一輝、大川周明などなど、近代日本における、いわゆる「アジア主義」の政治的、思想的水脈を引くものである。概念上の混乱を避けるため念のため言えば、「大亜細亜主義」は松井ら大亜細亜協会の人びとによって唱道された政治的スローガンであり、一方「アジア主義」は近代日本思想史上の概念であって、西洋列強による植民地化に対抗するためにアジア諸民族の団結を実現しようと、さまざまな活動に従事した人たちの文明観、歴史認識、政治思想、行動規範の総称を意味する。アジア主義の主張の多くは、友愛と独善、道義性と侵略主義が分かちがたく複雑に絡みあっており、今日でもファナティックな軍国主義や極右のイメージをともなって語られることが多い。近代日本思想史上において、松井の「大亜細亜主義」は、このようなアジア主義における一潮流であった。

ところで、松浦正孝によれば、早い時期より松井は川上操六や荒尾精の影響下にあり、欧米への対抗の必要からアジア連携を模索していた(1)。また、日本陸軍による辛亥革命支援の際、陸軍参謀本部第二部長の宇都宮太郎は、三菱財閥の岩崎久弥に依頼し工面した一〇万円の資金を、孫文支援のため犬養毅らに託しているが、宇都宮の意を受けて資金の受け渡しの任にあたったのが松井であった(2)。さらに予備役に退いた後、松井は、昭和八（一九三三）年三月に大亜細亜協会を設立し、満州事変をきっかけに悪化の一途をたどっていた日中関係の改善をめざして尽力することになる。

今日から見て、松井石根のわかりにくさは、この点に起因している。すくなくとも壮年以降、晩年にいたるまで、松井は、日本と中国の「友好」を—たとえそれが日本にとって一方的に都合がよいものであったにせよ—強く願っていた。にもかかわらず松井は、上海派遣軍司令官として中国との戦争の指揮をとっていたわけで、その姿は、何ともわかりづらく感じる。

松井石根と東京裁判

このような、一見矛盾しているように見える松井の姿は、東京裁判における彼の宣誓口供書(3)にも見ることができる。

予は青壮年時代より生涯を一貫して日支両国の親善提携、亜細亜の復興に心血をそそぎ陸軍在職中の職務の大部分も亦之に応ずるものなりき。昭和十二年上海事件勃発し上海派遣軍の急派となり予備役在職中の予が其の司令官に擢用せられしは全く予の右経歴に因るものなることは当時の陸相よりも親しく話されたるところなり。

蓋し当時に於ける我が政府の対支政策は速かに事件の局地的解決を遂ぐるにあり、彼我の武力的抗争を拡大せざることを主眼となしたればなり。

さらに松井はここで、今回の事変は「亜細亜の一家」内における「兄弟喧嘩」のようなものである、と主張している。日本が上海における権益を擁護しようとするのは、「一家内の兄が忍びに忍び抜いても猶且つ乱暴を止めざる弟を打擲するに均しく其の之を悪むが為にあらず可愛さ余つての反省を促す手段たるべきこと」であった、と言うのだ。ここで言うところの「弟」の乱暴とは、今日から見れば、中国による日本利権の否定を意味していることはまちがいない。兄による「打擲」と松井が言う第二次上海事変は、最終的には首都であった南京や漢口の占領にまで事態が拡大していくことになった。

しかし、先ほど述べたようにその松井は、陸軍を退役してから第二次上海事変勃発をきっかけに復職するまでの間、満州事変を契機として悪化した日中関係を立てなおすため、在野にあって積極的に活動していたわけで、彼が日中の友好を切望していた事実も否定することはできないのだ。

このあたりの経緯を松井は、同じ宣誓口供書で次のように記している。

予は多年欧米人の亜細亜侵略を遺憾とし亜細亜人に依る亜細亜復興を祈願せしものなるが満州事変以来日支両国民の間に感情的疎隔の顕著なるに鑑み両国民が亜細亜の全局に想を致して些々なる感情誤解に終始することを更めむ事を欲し日支両国有志者の間に「大亜細

亜主義」運動の発動を促さむ為昭和八年同志と共に大亜細亜協会を設立したり此の団体は政治団体に非ず一種の社会的文化研究団体にして其の目的は幾千年に亙り支那日本の遺統として伝はる王道を拡充し亜細亜の復興を計り、全亜細亜人の共存共栄を招来し、率いて世界全人類の平和的発展に貢献せむとするものなり。（中略）又吾等の主張は必ずしも欧米人を亜細亜より駆逐せむとするものに非ず亜細亜人を友とし真に亜細亜の幸福の為吾等と協力せむとする欧米人は吾等の良友として相提携し共存共栄を計るべきものなる旨主張したることは当時発表したる予の言論に徴し明なる所なり。(4)

宣誓口供書によれば、松井が大亜細亜主義協会を設立し、これを活動の拠点として大亜細亜主義運動を起こそうとしたのは、昭和八（一九三三）年のことである。目的は欧米列強によって植民地化されたアジアの救済にあり、その方法とは、日本や中国に伝わる精神文明（「王道」）を精神的支柱としてアジアが手を携えて欧米列強に対抗し、植民地支配からの脱却をはかるというものであった。たとえば、松井は「亜細亜連盟論」(5)において、「亜細亜の諸邦は第十六世紀以降、特に第十八世紀以降欧州勢の東漸に伴ひ、その侵略主義となつて、殆どその自由は奪はれ、彼等の羈束の下に僅かに余喘を保つに過ぎず」、とヨーロッパ文明を批判している。松井のいう「覇道」とはこのような「侵略主義」を指す。

松井がさまざまな文章で言及している孫文は、『三民主義』[6]において、「民族とは自然力でつくられたものであり、国家とは武力でつくられたものである」、「中国人は、王道とは「自然に順う」ことであるという。いいかえれば、自然力が王道なのである。」「そして武力は覇道で、覇道によってつくられた団体が国家である」、と語っている。このような孫文の言葉を手がかりにして松井の主張を理解するならば、彼はアジアの諸民族がそれぞれの民族共同体に国家の基礎を求めることによって、武力の行使を行動原理とする近代国家に堕することがなくなり、道義的な優位性が保証されることになる、と考えていたことになろう。

以上を踏まえるならば、同じ宣誓口供書で「世界全人類の平和的発展に貢献せむとするもの」と説明されている松井の大亜細亜主義運動とは、武力に訴えない形でのアジアの独立をめざすものであったことになる。同じアジア主義の系譜に属する岡倉天心は『東洋の目覚め』[7]で、「我々東洋の恢復―は自己の自覚にある。我々が救われるのは―剣によってである」、「軍人達が、彼等の剣が祖国のために揮われる時にのみ神聖なものと感ずる秋(とき)が来ている」、と記している。松井が大亜細亜主義協会を立ち上げる、おおよそ四〇年前に執筆されたものだが、軍人である松井の論説の方が、天心の詩情あふれる扇動的な文章よりも、はるかに抑制的であり穏当である。

しかし、かりに松井が本気で「王道」の実現をめざしていたとしても、上海派遣軍司令官として、軍事力による首都の占領や権益の保護を企図した事実は、今日から見て、彼の理念とはやはり矛盾している。王道の実現によるアジアの解放をめざした松井は、東京裁判でもみずからの理念をそのように主張しているが、そうであるがゆえに一層、私たちは彼の宣誓口供書をどのように理解すればいいのか、腑に落ちないものを感じてしまうことになる。

満州事変以前における松井の中国分析

このような、今日から見れば不可解にも思える松井の宣誓口供書については、彼の中国認識や、信条とした大亜細亜主義とのかかわりから考えていくことで、その意図があきらかになってくる。松井は『外交時報』や『大亜細亜主義』などの雑誌に、さかんにみずからの時局観や歴史認識を発表しており、日本では珍しい文人肌の軍人であった。

松井が中国や日中関係について分析を試みたさまざまな文章については、満州事変以前に発表されたものと事変以降に発表されたものの、二種類に大別することができる。前者は主に

『外交時報』に発表された文章であり、後者の多くは『大亜細亜主義』に発表されている。もちろん、東京裁判に直接かかわってくる文章はすべて後者に属するものである。

その上での話になるのだが、『外交時報』に発表された松井の文章と『大亜細亜主義』に発表された文章をくらべてみると、前者がきわめて理知的、分析的な立場を貫いているのに対して、後者はアジアの精神文明の道義的価値を訴えるなど、よく言えば情緒的、悪く言えば扇動的な内容が散見される点は注意を要する。松浦正孝はこのような松井の変化を「支那通」から「汎アジア主義者」への変貌と説明している。(8)

満州事変をきっかけに悪化した日中関係の改善をめざしていた大亜細亜協会の機関誌が『大亜細亜主義』であることを考えれば、同誌に発表された諸文章がプロパガンダ的性格を内包していたとしても不思議ではないのだが、同時に、少佐時代、参謀本部支那班にあった松井が、辛亥革命下の中国を対象に、諜報や政治工作、情勢分析に従事していた事実を踏まえれば、『外交時報』に発表された諸文章に、彼の理知的な現実主義者としての面をかいま見たとしても、違和感を感じることはない。

ここには、戦後、大川周明や花山信勝によって伝えられた、松井の高潔な人柄とはまったく異なる彼の一面が見え隠れしている。今日でも松井を論じた多くの文章は、大川らによって伝えられた、松井の高潔な人格を前提にしているものが多いのだが、『外交時報』に発表された文章を見ていくと、少なくとも彼が道義的で理想主義的なだけの人物ではなかったことが見えてくる。

松井が『外交時報』にさかんに寄稿していた時期、彼の関心は主に、山東出兵問題と中国における共産主義勢力の行方に注がれていた。

山東出兵の、事の発端は、一九二〇年代に入って国民党と中国共産党との合作が成立したことにはじまる。この第一次国共合作は蒋介石が上海でクーデターを起こした昭和二（一九二七）年四月一二日まで続くことになる。昭和元（一九二六）年七月、国民党政府が中国共産党支援の下で、蒋介石を総司令官として北方の軍閥の打倒をめざす北伐を開始。これを国民革命というのだが、[9]昭和二（一九二七）年、国民革命軍が山東省にせまると、日本が支持する張作霖軍閥の勢力弱化を恐れた田中義一内閣は、在留邦人の保護を理由に、昭和三（一九二八）年まで三度にわたって出兵を行うことになる。[10]

この山東出兵について松井は、「謂はれなき山東出兵批難[11]」において、「労農露国若しくは其異名同心たる第三インターの支援使嗾を受けた南軍が長江沿岸に進出するや」「南京、漢口其他の地方に於て人道公儀許すべからざる幾多の不詳事件を演出した」、「我廟議は山東に於ける居留民をして長江に於ける如き惨憺たる境遇に陥るゝことなからしめんが為に、兵力を以て之を保護するに決した」、と論じている。

ここで語られている漢口事件とは、昭和二（一九二七）年四月三日、国民革命軍による武漢攻略の際、一部の軍隊と民衆が漢口の日本租界に侵入し、掠奪、破壊を行い、日本領事館員や居留民に危害を加えた事件をさす。またこの文章に登場する「南京事件」とは、東京裁判に松井が起訴される原因となった、昭和一二（一九三七）年一二月の南京事件ではなく、昭和二（一九二七）年三月二四日、北伐の途上において、国民革命軍が南京を占領した際に起こした、日本を含む外国領事館と居留民に対する襲撃事件をさす。松井はこの文章で、漢口事件と昭和二（一九二七）年の第一次南京事件を例にあげつつ、二度と同じことが起こらないよう居留民保護のために出兵するのは当然である、と政府の判断を擁護している。

ここからも、この時期の松井の文章が、満州事変以降のそれと比べて、日本の国益を正面から論じる内容となっていることがわかるだろう。たとえば、同じ「謂はれなき山東出兵批難」[12]において松井はさらに、「長江筋に於てあつた様な支那人側を拝み奉つて殆ど着のみ着のまゝ、ほうぐの体で青島に逃げ帰るとしたら」、「いまゝでの尊敬も幻滅し」「国威の失墜」となる、「支那にあっては「尊敬」が大なる資本」であり、「引揚げに伴ふ経済的打撃には此形而上の損耗をも計上せねばならぬ」、とも論じている。居留民が国民革命軍に追われた居留民のみじめな姿を中国人が見れば、日本と日本人は中国人に侮られるようになる、それは国益に反するので、そうならないためにも山東出兵は必要である、というわけである。

あるいは、「山東出兵の総勘定」[13]において松井は、山東出兵が「支那人の排外的傾向を防止する上」で重要な意義があったとも記している。日本軍による山東地方の中国人保護によって、中国人の間に「頼むべきは日本の天兵であるとの観念を深からしめ、之を深く牢記せしめたこと」はやがて、「在留邦人に対する尊敬となり、信用と化し、将来に於ける発展の動機となるべきは一点の疑もない」、と言うのだ。昭和一二年のいわゆる南京事件（第二次南京事件）に際しても松井が中国人保護を重要視していたことを伝えるエピソードを複数、確認することができるが、こちらはどちらかというと彼の道義的な人間性を強調する形で語られることが多い。一方、「山東出兵の総勘定」において松井は、日本の国益に合致することを強調する形で、日本軍による中国人保護を論じているわけである。

また山東出兵のきっかけとなった国民革命に松井が「労農露国若しくは其異名同心たる第三インターナショナルの支援使嗾」[14]の存在を認識していたことも注目に値する。ソビエト・コミンテルンによる中国の共産主義化のための政治工作が、国民党と中国共産党の合作へと結実し、さらには北伐、山東出兵へとつながっていった、と松井は見ていたわけである。結果、松井の関心は、ソビエト・コミンテルンによる中国に対する政治工作、そして中国共産党そのものに注がれていくことになる。松井は、中国の共産主義化の可能性について、「支那に共産主義が行はれるとは信じない」が、「工業国の労資の抗争から生れたマルクス主義が、農業国である露国に於て実を結びたる如くこんな事は必ずしも労資の抗争から許り起るとも限らず」、「過度の楽観を以て一時を偸安することは出来ない」、と考えていた。[15]松井にとって「支那共産党の動静に注意することは」「それが直に我国の思想運動なり、社会運動なりに影響する点に於て非常に必要なこと」でもあった。[16]モスクワのコミンテルンによる日本共産党に対する天皇制廃止の指示が、昭和二（一九二七）年にはじまることを踏まえれば（いわゆる「27年テーゼ」、「32年テーゼ」など）、松井が中国における共産主義勢力の拡大に対して警戒感をいだいたのは、軍人としては当然と言えば当然である。にしても、マルクス主義や当時におけるその動向について、松井が一定程度の知識と理解を有していたことが、ここから確認できるのであり、このような彼の姿は今日ではまったく忘れ去られていることも、あらためて指摘しておかなくてはならない。

そして、その松井がとくに注目していたのが、昭和二（一九二七）年一二月一一日、中国共産党が広州で起こした武装蜂起だった。市街の大部分が共産側に占領され、翌一二日、広州ソビエト・コミンテルン政府の樹立が宣言されたが、国民革命軍の反撃により一二月一三日には共産党勢力は広州から撤退を余儀なくされることになった、というのが事件の顚末である。

この広州蜂起について、松井は「支那より見たる赤露対支那政策の功罪と今後」[17]において、「蒋介石等支那政権者が彼等を裏切つて右化した昨年五月三十日、コムインテルンは」、「労農大衆の武力的暴動によつて社会不安を誘起し無産革命を遂行することに旗幟を鮮明にした」、「殊に昨年末十二月十日夜の広東暴動の如きは、実に此の政策の顕著なる発露である」、と論じている。この事件を松井は、蒋介石の右傾化にともなう国共合作の破綻と、ソビエト・コミンテルンによる指導下での共産党勢力の台頭の結果と理解していた。

また、ソビエト・コミンテルンが中国において支持を広げていった政治工作の手法についても、松井は「支那の所謂愛国運動」[18]において、「露国は新しい網を支那に張るに際しては相当に支那の事情も研究したらしく」、「反帝国主義運動は即ち支那の愛国運動なりと称し、支那人を駆りて列強の古綱を排除して、其あとに赤い網を張らんと計画した模様である」、と論じている。共産主義の理念を中国民衆に直接浸透させていくむつかしさを知ったソビエト・コミンテルンは、被圧迫民族の解放という大義をかかげて、列強による植民地化への抵抗運動（「愛国運動」）を唱導していくことで、中国民衆の支持を広げていった、と分析しているわけである。同様のことを松井は「支那より見たる赤露対支那政策の功罪と今後[19]」でも指摘しているが、それよりも興味深いのは、今日から見れば、松井によって分析されたソビエト・コミンテルンによるプロパガンダの手法が、満州事変以降の松井が政治的信条とした「大亜細亜主義」のロジックと気脈を通じているようにも見えることである。松井の「大亜細亜主義」もまた欧米列強によるアジアの蚕食という歴史認識を前提として、アジアの精神文明を思想的基盤とした政治的、経済的、文化的独立を主張しており、今日から見れば、中国民衆の愛国意識や民族意識の覚醒を促す形で支持の広がりをめざしている点で、両者はきわめて近似している。

満州事変の世界史的立場

さらに、満州事変以降の松井の中国認識や政治信条について見ていくことにしよう。松井が

『大亜細亜主義』に発表したさまざまな文章を読んでみると、列強によるアジアの植民地化からはじまり、第一次世界大戦、満州事変を経て、日支事変にいたるまでの流れを、文明論的視野から説明しようとする彼の姿が浮かび上がってくる。満州事変、日支事変へと突き進んだ日本の立場を内外に対してどのように正当化できるのか、『大亜細亜主義』に発表された諸文章における松井の関心は、この点に集中している。

たとえば、昭和八（一九三三）年一二月に発表された「現下時局の検討と国民精神の作興――国民精神作興詔書渙発十週年紀念日に於ける講話要旨――」[20]で松井は、第一次世界大戦はアングロサクソン民族とラテン民族による世界支配体制をもたらした、と論じている。それが国際連盟である。松井に言わせれば、国連を中心とする世界秩序とは、アメリカやイギリス、フランスなどの戦勝国が政治的、軍事的、経済的ヘゲモニーを独占するためのシステムにすぎなかった。リットン調査団報告書をふまえて国際連盟が満州国を日本の傀儡政権と判断し、日本が国際連盟を離脱するのが昭和八（一九三三）年二月である。国際連盟に対する松井の批判的な言葉が、満州事件をめぐる日本と国連との間の一連の確執を背負っているものであることはまちがいない。

このような松井にとって、満州事変は古い世界秩序に対する抵抗運動として位置づけられうるものであった。「再転機に立つ支那政局と日支関係」[21]で松井は、満州事変や満州建国のためになされた日本の行動は、「亜細亜再建のために―従つて当然に支那再建のために―払はれた日本の犠牲」であり、この犠牲によって、「欧米の思想的、文化的、政治的、経済的勢力より遊離したる純乎たる亜細亜的新国家」が建立されることになった、と論じている。アジアの精神文明の復興にこそ満州建国の意義があり、この精神を中国全土に広め「支那の自主再建」を実現して、はじめて「満州事変や国際連盟脱退」は意味あるものになる、と松井は主張している。

また松井は、満州事変とヨーロッパにおけるファシズムの台頭の関係性についても、「現下時局の検討と国民精神の作興―国民精神作興詔書煥発十週年紀念日に於ける講話要旨―」[22]において、次のように語っている。

> 曩にムツソリーニの伊太利、最近にはヒツトラーの独逸の奮起は、欧州に於ける其の直接の現象であり、満州独立は、東方亜細亜に於ける其の間接の事件であり、蘇連邦共産国の成立は実に欧亜両州に亘れる其の反動的作用であります。

更に南米と云はず、西部亜細亜と云はず、所謂小民族小国家の台頭も亦此の形勢に応ずる反映であるのであります。

松井は右の文章で、ムッソリーニやヒトラーによるファシズム政権の樹立と満州事変の同質性を指摘している。もちろん、ここで彼は満州事変の道義的な瑕瑾を指摘しようとしているのではない。その逆であって、ファシズムとの同調性が高いからこそ、満州事変には世界史的意義がある、と主張している。「満州独立は、東方亜細亜に於ける其の間接の事件であり」という言葉からうかがわれるのは、松井が満州国建国を、アメリカ、イギリス、フランスによる世界支配に抗い、民族の独立を実現するための運動として、位置づけようと企図していたことである。彼に言わせれば、満州国の建立は、少数民族や小国家による旧秩序からの独立のさきがけとして、世界史的意義を有するものであった。

満州事変はあまりにも複雑であって簡単には説明することはできないが、今日における一般的な理解のひとつをここで紹介してみると、たとえば、君島和彦は、日露戦勝をきっかけに日本が獲得した満州利権が脅かされつつあった状況を事件発生の背景に指摘している。とくに、昭和三（一九二八）年の張作霖爆殺事件によって、張学良が蒋介石の国民政府に合流して以降、満州において日本商品排斥運動が激化し、また大恐慌によって、満鉄の営業成績が悪化しつつあった。さらに、国民政府や張学良政権による、満鉄線以外の鉄道を使って北満の物資を南満へ輸送するための建設計画が、満鉄に脅威を与えることにもなった。[23] これは一例だが、このような今日における満州事変に関する理解を横に置いてみると、松井の事変観には経済的な意味での国益という観点がいっさい抜け落ちてしまっていることがわかる。逆から言えば、日本の国家利益について一切顧慮しない前提で議論を組み立てるからこそ、松井の満州事変観は、現実領域における個々の事象を置き去りにしつつ、事変を引き起こした日本の、文明論上、道義上の積極的な意義（つまり「王道」の実現）を主張するものになっている、とも言えよう。

宇都宮太郎と松井石根

このような松井による満州事変認識の理念的性格は、少佐時代の松井を配下として辛亥革命下の中国に対して工作活動を実施したした陸軍軍人、宇都宮太郎との対比からも浮かび上がってくる。陸軍参謀本部第二部長の職にあった宇都宮は、明治四四（一九一一）年、辛亥革命勃発を機に「対支那私見」を執筆し、中国工作の行動指針としたのだが、ここで宇都宮は白人による世界支配の現実的可能性が見えてきた世界状勢を踏まえつつ、「支那は我帝国生存の為め」

「全部之を獲取することを得ば勿論上乗なり」、と語っている。しかし、「列国対峙の今日、此事の一気直に実行し得可らざること」は認めざるをえない。そこで、中国を「満漢二族の二国家に分立せしめ」「例へば一は保護国若くは其類似、一は同盟とする」かたちで、「支那保全」を実現できれば、辛亥革命は日本を利するものとなると考えた宇都宮は、「表面は当然清朝を援け」つつ（つまり、満州族の国家を保全しつつ）、「隠密に叛徒を援助し」（秘密裏に孫文率いる革命党を支援することで漢民族中心の国家を樹立し）「適当の時期に及んで居仲調停二国に分立せしめ」るための工作を開始することになる。[24] 冒頭近くで言及した岩崎久弥に供出させた一〇万円は、そのための資金である。

もちろんこのような宇都宮のプランは松井にも伝えられており、明治四四（一九一一）年一〇月一六日の宇都宮太郎日記[25]には、「昨夜起草の『対支那私見』を「第四課長歩大佐武藤信義と支那班の歩少佐松井石根とに内示」したと記されている。また、その約一週間前にあたる明治四四（一九一一）年一〇月八日の宇都宮日記には、松井が自宅に来訪した際のやりとりが、「余が懐抱の一部を告げ、余が為めに尽さんことを求めしに、彼も承諾之を約す。余は腹心として彼を使用せんと欲するなり」、と記されている。辛亥革命当時、参謀本部支那班にあった松井が、部長、宇都宮太郎の「腹心」として対中国工作に従事していたことはまちがいない。

また、その方針が中国を分断して、満州族による国家と漢族による国家のふたつを建設し、一方は保護、一方は同盟と、それぞれに日本との友好関係を築いていくことで、西洋による世界支配に対抗していくというものであったことも、松井には伝えられていた。

このような松井の経歴をふまえて、彼の満州事変観をあらためて見てみた場合、彼の事変観が宇都宮の影響下で形成されたものであったことは否定できない。満州族と漢族という、人種的視点から対中国政策を考えようとしている点において、宇都宮と松井の視座はきわめて近い。しかし、宇都宮の中国観は徹底した外交的リアリズムにもとづいたものとなっており、この点が松井とは異なる。先ほども確認したように、松井は満州事変の精神文明上の意義を繰り返し主張しており、たとえば、「「満州人の満州」の確立[26]」でも彼は、満州事変は「皇道的大亜細亜主義の理想」が発現したものであって、「権益の擁護」でもなければ、「自衛権の発動」でもない、と語っている。日本の国家利益のため中国をふたつの国家に分断すべきであるという宇都宮に対して、松井は満州における日本の利権と満州事変は一切関係ないと否定しているわけである。その上で、満州国建国は、「我が皇道的民族的精神の躍動に触発誘導せられて東洋民族古来の政治理想たる王道の理想が、茲に復古的新生を見たるもの」であって、これは「亜細亜文化の復興、畢竟世界文運のルネスサンス」を意味する、と主張している。満州事変とは物質に信を置く西洋文明（つまり「覇道」）によって抑圧されてきたアジアの精神文明（「王道」）の復活を意味しており、それは世界史上における一大エポックである、と主張しているわけである。世界史的意義や文明論上の意義など壮大なスケールの議論を展開していくことで、国家レベルにおける利益問題は相対的に微細な問題となり、結果的に議論の俎上に載りようがなくなっていく様子を、ここに確認できる。

しかし、満州人による国家の樹立を企図していた点で、宇都宮の「対支那意見」も松井の「大亜細亜主義」もそれほどちがいがあるわけではない。松浦正孝は、中国分割論や欧米人に対抗したアジアの「共存共栄」などの宇都宮の考え方を、松井が引き継いでいったことを指摘している。[27] 今日から見れば、明治四四（一九一一）年の段階で宇都宮が樹立の必要性を訴えた、満州族による国家樹立を、その部下であった松井が昭和八（一九三三）年の段階で目撃し、道義的意匠を凝らすことでその正当性を訴えようとしたという構図が、ここから浮かび上がってくる。

満州事変から日支事変へ

次に松井の日支事変観について検証していく。

松井が満州事変の延長線上において、日支事変を理解しようとしていたことは、まちがいない。たとえば、昭和一四（一九三九）年一一月に発表された「時局の新段階」[28]で松井は、日支事変の意義を説くにあたって、第一次世界大戦後に作られたヴェルサイユ体制の問題から説き起こしている。ヴェルサイユ体制とはイギリス、フランスなどの民主主義国家が世界を支配するための制度にすぎず、第二次世界大戦とは、このような現状を打破しようとする「独伊等の全体主義国家群の抗争が、遂に流血の格闘にまで発展したもの」にほかならなかった。「支那事変の歴史的意義乃至聖戦の目的」も同様であり、松井にとっては、日本が建設しようとしている「東亜新秩序」もまた、ヴェルサイユ体制と両立するものではなかった。そして、松井に言わせれば、蒋介石率いる国民党政権もまた、アメリカ・イギリス・フランスなどによる世界支配の一翼を担う勢力のひとつにすぎなかったのである。

ただし、この段階で確認されるような蒋介石や国民党政権に対する敵意をいだいたままに、松井が日支事変に参戦したわけでもない。結果的に不調に終わったが、昭和一一（一九三六）年三月、松井は南京で蒋介石と会談している。[29]しかし、日支事変の段階になって松井がふたたび蒋介石および国民党政府を敵対視するようになったことはまちがいなく、南京占領直後にあたる、昭和一三（一九三八）年一月七日、松井が陸軍大臣、杉山元に宛てた「意見具申ノ件」[30]

では、蒋介石政権の否認を速やかに行うべきであると記されており、さらにその理由として、①蒋介石政権と和睦した場合、親日反蒋の立場にある中国人からの信頼を失うこと、②すでに人心は蒋介石から離れており、第二の西安事件が起きてもおかしくない情況であること、③蒋介石政権が近い将来、共産主義へと傾斜していく可能性があること、をあげている。このような現状分析を踏まえて、松井は今後の日本の進むべき道として、長期戦の姿勢に転じ、蒋介石政権の崩壊を謀ること、中国に親日防共の政権を樹立すべきことを献策している。

「亜細亜的精神」の問題圏

さらに、アジアのあらゆる民族、国家によって本来的に共有されている、と松井が主張する「亜細亜的精神」について、検証していくことにしよう。

「現下時局の検討と国民精神の作興—国民精神作興詔書煥発十週年紀念日に於ける講話要旨—」(31)において、松井は文明論的な視点から世界の現状について分析を試みている。共産主義や社会主義への支持が世界中に拡散しつつある「今日全世界の経済的状態」は、「自由資本主義経済」の破綻と行きづまりを示唆している。しかし、共産主義も「人生の実際を離れたる架空論」であり、その実効性に関してはきわめて疑わしいところがある。このような現状を思想的にとらえてみると、現在の状況は「過去一世紀間に於ける個人主義自由主義の大動揺時代」であると言うことができる。「民主主義政治は斯くて世界の東西に亘りて既に一大変動を来し、自由主義経済は洋の東西に於て一大破綻を招きつゝある」、そう松井は分析している。

このような松井の文明論を踏まえてみれば、彼が「亜細亜的精神」の積極的価値をどう考えていたか見えてくる。個人主義や民主主義、自由主義など西洋に由来する精神的価値が行きづまり、資本主義も共産主義も限界が見え、第一次大戦をきっかけに形成されたアングロサクソンを中心とする世界秩序に対しても世界中で反動現象が現れつつある、このような世界状況において松井は、政治、経済、思想などあらゆる領域において、従来とは異なる文明を建設し、もって世界史を新しい段階へと推し進めなければならない、と考えていた。そして、その核となる精神的価値こそが「皇道」であり「亜細亜」であったわけである。

また、「満州国独立の民族的根拠　附東洋精神文明の危機」[32]で、松井は歴史学者久米邦武の学説などを参照しつつ、人類学的視点から東アジアにおける精神文化について論じている。軍人の立場から国際情勢の分析に終始した松井の文筆活動にあって、この文章はきわめてユニークな位置を占める。同文書によれば、仏教が入ってくる以前、中国北部および朝鮮、日本においては「シャマン崇拝」が広く浸透しており、日本の神道もそのひとつであった。この「シャマン崇拝」が「死霊崇拝や家族制度、氏族制度等と結合し、東洋に一種特別の祖先崇拝の風習を培養して、祭政一致の観念や社会的、民族的結合の紐帯をなし、それが又た儒、仏道等の宗教に漸次結び付いて」、「満州五族の有する民族精神」や「大和魂」が生まれた。結果、「東洋の諸国では、何れも家族制度が発達し、血統を重んじ、祖先崇拝の念が強く、国は一家一族を拡大したものとの観念が旺盛である」のだが、中華民国は「欧米式の国家形態を真似た結果、治政は悉く民情に副はずして失敗の跡顕著なるものがある」、とここで松井は論じている。

このように松井にとって、国民党政府はヴェルサイユ体制に連なるだけでなく、その精神のありようにおいても西洋文明に与するものであり、その意味でも両者の対立は不可避であった。同様のことは「再転機に立つ支那政局と日支関係」[33]でも、「支那に於ける抗日運動」は、「自由主義、民主主義、資本主義を根底とせる西洋文明に追随せんとする支那の欧米崇拝者流と、更に又その後ロシアの共産主義に感染したる一部の支那思想家との策動」に起因するものである、と論じられている。松井に言わせれば、中国における抗日運動は、国民党や共産党が「亜細亜的精神」を忘れ西洋文明をそのままに受けいれてしまった結果であり、「斯くの如き思想が支那に於て勢力を占めんとすれば、現実的政治的勢力分野に於ても」、「東洋文化の現実的支柱としての日本の立場、日本の勢力」と衝突するのは自然の成り行きであった。

本章「はじめに」で私は、蒋介石政権との戦闘を指揮しながら、日中親善を企図する松井のわかりにくさを指摘したが、ようするに彼にとって日支事変は、欧米列強のくびきから中国を解放するための「聖戦」であった。松井にとって「戦争」や「暴力」は西洋文明にのみ内属するものであり、日支事変は中国との「戦争」を意味するものではなく、植民地支配や暴力を行動原理とする西洋文明とその代行者である国民党や共産党からの「亜細亜的精神」の解放を意味していたのである。

南京事件

最後に松井と南京事件のかかわりについて論じておきたい。ここでの私の目的は昭和一二（一九三七）年一二月に発生したとされる、いわゆる南京事件の検証や評価ではないので詳しい説明は避けるが、この事件の責任を負う形で松井が死刑判決を受けることになったことを考えれば、触れないわけにはいかない。

南京事件に対する従来の評価は、おおむね次の三つの立場に分けることができる。ひとつは、リベラル派や左派が主張する南京事件観である。彼らは南京事件が、日本による帝国主義的な大陸侵略が引き起こした罪悪と悲劇を象徴している、と主張している。この立場に立つ論者たちは、東京裁判の判決をほぼ事実として受けとめ、さらに新証言や新資料を加え、南京において日本陸軍は、おおよそ三〇万人にのぼる一般住民を虐殺したと主張している。

一方、保守派や右派は南京事件を連合国や中国による策謀と見なし、まったくの虚構である、と主張している。このような立場は、東京裁判における南京事件の審議にあって、弁護側（日本側）の提出した証拠や主張に依拠しつつ、さらに新たな資料や証言を加えて、南京事件を戦勝国、とくに中国のプロパガンダであった、と主張している。

また、これらとは別に、左右どちらの立場にも与せず学問的な立場から事実を正確に検証しようとする立場も存在する。たとえば、三〇万人の虐殺というのは虚構であったとしても、事件が存在することは否定できないとするような考え方は、この立場に立つ論者たちの主張である。

南京事件に関してはそれぞれの立場から無数の研究書や研究論文、証言集、資料集、さらには漫画までもが出版されており、また私自身は南京事件そのものの解明をめざしているわけでもないので、事件をめぐって交わされてきたこれまでの議論に対する、私の意見のみ述べておきたい。

たとえば、学問的立場から南京事件を検証しようとする秦郁彦は、『南京事件』[34]において、中国側の資料に加えて日本側に残る資料や証言をも手がかりにして、事件の事実性を証明しようとしている。犯罪的殺人の規模が三〇万人に及ぶのかどうかはともかくとして（秦は三万二〇〇〇人から四万人ではないかと結論づけている）、秦による検証をふまえるならば、正確な死者数は特定できないものの、南京事件そのものに関しては、日本側に残る証言や情況証拠は多数残されており、「虐殺事件がまったくなかった」と断定することはやはりむつかしい。たとえ、秦の推計よりも少なかったとしても、それが事件そのものが幻であったことを意味するものではない。

このことは、東京裁判において戦勝国が南京事件をプロパガンダとして利用し、結果的にその犠牲となる形で松井が死刑になったこと、今日においてもなお中国が事件を政治的に利用しつづけていることとは、まったく別次元に属する。もし南京事件のプロパガンダ性を証明するのではなくて、事件そのものの虚構性を証明するのであれば、その論証上の手続きとしては、マギー証言はすべて伝聞にもとづくといったような、東京裁判において検察側が提示した証拠に対する反証にとどまらず、日本側に残る、南京事件に関するさまざまな資料や証言に対する検証も必要となる。

たとえば、多くの論者によってしばしば言及される昭和一三（一九三八）年一月二九日の畑俊六日誌がそれにあたる。ここで畑は「支那派遣軍も作戦一段落と共に軍旗風紀漸く頽廃、掠奪、強姦類の誠に忌はしき行為も少なからざる様なれば」、「上海方面にある松井大将も現役者を以て代らしめ、又軍司令官、師団長等の招集者も逐次現役者を以て交代せしむるの必要あり」、と記している。[35]この時期、畑は陸軍大臣、陸軍参謀総長、教育総監という陸軍における主要三ポストの内の教育総監の職にあった。当時、すくなくとも、陸軍の中枢にあっては、南京における日本兵の「掠奪、強姦」を理由とする松井更迭の意見があったことはまちがいなく、南京事件の事実性を否定するのであれば、このような畑の言葉への検証も必要となるはずである。

また、私の調べた範囲でも、南京占領から約一〇ヶ月後にあたる昭和一三（一九三八）年一〇月二四日、武漢占領の際に発せられた「武漢ニ鎮進入要領」[36]を読むと、作戦を指揮した中支那軍司令部が、入城に際して「統制ヲ加ヘテ軍隊ノ乱入ヲ防止スベシ」、「直接掃蕩及警護ニ必要ナル兵力以外ヲ進入セシメザルヲ要ス」などの命令を、指揮下にあった部隊に発していた事実を確認することができる。また「武漢侵入ニ際シ軍参謀長ノ注意事項」[37]には、「各種不法行為特ニ掠奪、放火、強姦等の絶無ヲ期スルヲ要ス」、「既往ノ経験ニ徴スルニ各種非違ハ」「若干日経過シタル後ニ於テ発生ノ機会多カルヘキヲ以テ時日ノ経過ト共ニ監督ヲ緩メサルヲ要ス」

と記されている。

軍隊の秩序を維持して武漢占領を実施すること、必要以上の部隊を城内に残さないこと、とくに「掠奪、放火、強姦」などの犯罪行為を起こさないように注意すべきことが、ここには記されているわけだが、逆から言えば、中支派遣軍司令部は日本軍によるこれら犯罪行為が発生する可能性を憂慮してこの命令書を発した、ということになる。同文書はさらに「既往ノ経験」を踏まえると犯罪行為は、占領から数日後に多数発生することが多いから、兵士の監督を緩めるな、と続く。ここで言うところの「既往ノ経験」が、時期から見て、その一〇ヶ月前に行われた南京占領を指している可能性は、きわめて高い。南京占領に際して日本兵が犯した犯罪行為が組織的犯罪ではなかったことは、この命令書を見てもたしかなところだが、同時に、漢口占領の段階にあって、当時の中支那派遣軍司令部が、市街地に侵入した日本兵による「掠奪、放火、強姦」を経験済みであり、同じことをくりかえすことのないよう漢口入城に際して、事細かな指示を出していたことも、ここから確認することができるわけである。

徳富蘇峰もまた興味深いエピソードを伝えている。(38) 事件後、南京に特派大使として入った本多熊太郎が外出した際に、「あらゆる女性は、老婆から少女に到るまで、影を見て逃げ隠れる」ので、その理由を南京公使の職にあった日高信六郎に尋ねたことがあった。日高の言うには

「これは南京攻略の影響が、今なお全く消え失せない為である。その時の日本軍の乱暴は、想像もつかぬ事で云々と、語った」という。このエピソードを蘇峰は本多から直接聞いており、軍の中枢のみならず、政府関係者やそれに近い筋の人物にも南京事件の存在がすでに知られつつあったことが、蘇峰の回想から確認することができる。

さて、次に南京事件に関する松井の反論について確認しておくことにしよう。

そこでふたたび話を東京裁判法廷に松井が提出した宣誓口述書[39]にもどすことになるわけだが、この文章には、南京事件に対する松井の立場がはっきりと語られている。内容は多岐にわたるのでポイントのみ整理していくと、まず松井は東京裁判法廷において、南京にあって日本兵による犯罪が行われた事実自身は認めており、「一部の若年将兵の間に忌むべき暴行を行ひたる者ありたるならむ。これ予の甚だ遺憾とするところなり」、と語っている。松井によれば、彼が南京に入城した昭和一二（一九三七）年一二月一七日に憲兵隊より、日本兵が犯した諸犯罪について報告を受けており、彼はその際に「厳格なる調査と処罰を為さしめた」という。また松井は当時、中国人や諸外国人の間で「昭和十二年十二月下旬南京に於て只若干の不法事件ありたりとの噂」があったことも認めている。しかし、「検事側の主張するが如き大規模なる虐殺暴行事件に関しては一九四五年終戦後東京に於ける米軍の放送により初めて之を聞知」したという。東京裁判において松井は、虐殺事件の有無ではなく、検察側が主張する、その規模に対して異議を唱えたわけである。

またノーラン検察官とのやりとりの中で松井は、中国人に対する日本兵の犯罪行為について報告を受けた彼が、南京入城式の翌日にあたる昭和一二（一九三七）年一二月一八日、各部隊長に対して訓示を与えたことを証言している。その前後の様子については、当時、中支那派遣軍参謀長として松井の下にあった飯沼守によって、「南京入城後少数の奪掠、暴行の事実が松井大将に報告せられたが松井大将は屢次の訓示にも拘らず此の事ありしを遺憾とし」、「不法行為者を厳罰に処すべきことを主張せられ、不法行為者は夫々処罰せられた、爾来軍紀は厳正を極め第十六師団の如きは法務部の処置に抗議を申し出たとの事である」、と証言されている。(40)

このような松井の姿を、法廷闘争の文脈から理解しようとしたり、彼の人間性に照らして真意を推しはかろうとすれば、議論は錯綜せざるをえないだろう。しかし、すくなくとも、蒋介石率いる国民党政権を退け、アジアの精神文明に基づく新国家を中国に樹立するという壮大な構想を胸に秘めていた松井であってみれば、日本兵と中国民衆との良好な関係を望んでいたこと自体はまちがいないはずである。南京における日本軍による犯罪行為が、彼がめざした「大亜細亜主義」の理想を実現していく上での、障害となるものだったことはあきらかであり、とするなら、その松井が日本兵による犯罪行為に対して厳しく臨んだのも、当然のことであったと考えられる。

また、昭和二三（一九四八）年一二月九日、松井は教誨師、花山信勝に向かって、南京事件を振り返って「慰霊祭の直後、私は皆を集めて軍総司令官として泣いて怒った」、「折角皇威を輝かしたのに、あの兵隊の暴行によって一挙にしてそれを落してしまった、と。ところが、このことのあとで、みなが笑った。甚だしいのは、或る師団長の如きは、「当り前ですよ」とさえいった」[41]、と語ったと伝えられている。日本軍による中国人に対する犯罪行為に関して、松井と配下の師団長の間に、大きな認識の落差があったことを伝えるエピソードである。中国人に対する違法行為は日本の名誉を傷つけると憤る松井に対して、配下の師団長は笑いはじめたというのだから、アジアに対して深い思い入れをいだく松井は、中支那派遣軍の内部にあっても孤立を深めていたと言える。結局のところ、松井が信じた日支事変の大義は、配下の高級将校や兵士によって共有されているわけでもなかった。このエピソードを通じて見えてくるのは、中国人に対して違法行為を働いた日本兵と、それを憤る松井、それを見て笑いはじめた高級将校という構図から浮かび上がってくる、「大亜細亜主義」が内包する理念上の瑕瑾である。

この逸話からは、何をもって「同胞」と認識するか、その範囲をめぐる松井の「大亜細亜主義」の観念的なありようが浮かび上がってくる。松井が率いた兵士や高級将校にとって「同胞」とは、あるいは「想像の共同体」とは、日本人、日本国民の範囲に限定されるものであって、民族や国民の範疇を超えた同胞意識を主張する松井の「大亜細亜主義」は、彼らの共同体感覚とくらべてかなり異質なものであったのではないか。松井の「大亜細亜主義」は、彼が率いた高級将校や兵士、そしておそらく平均的日本人の民族感覚や国民意識との深刻な乖離を内包していた可能性がある。

この問題を理解するためには、松井の「大亜細亜主義」に関して、その人種観念を国家や国民とのかかわりからもう一度、検証していく必要がある。

ハンナ・アーレント『全体主義の起原』(42)によれば国家と国民の関係には二種類ある。ひとつは領土内における住民はすべて民族的帰属とはかかわりなく法的保護を期待できるという考え方である。一方、日本の場合、とくに戦前の帝国憲法下にあっては、アーレントの言うふたつ目の形態、すなわち人種を同じくする者だけが、国家による保護を受ける資格が付与されると見なされてきた。「絶対的な人種的差異を構築することは、均質的な国民的同一性という構想を打ち立てるさいに、その本質的な基盤となる」というアントニオ・ネグリとマイケル・ハートの指摘[43]は、日本においてもっとも当てはまる。言い換えるならば、国家を一大家族として擬制した日本の場合、国民であることと同じ民族に帰属していることはほぼ等しく、ということは、当時の日本人の平均的な国家感覚、人種感覚から言えば、日本民族以外の人種は、法的な保護の対象からは除外されることになる。アーレントの言うように、民族と国家を同一視する国家形態は、本来ならば膨張政策とはまったく相いれないものであった。そのような国家が、法的保護の対象から外される被征服人種の同意を得るのは、きわめて困難だったからである[44]。

とするならば、たとえ、松井自身が善意をもってアジアの民の救済を訴えていたとしても、彼が率いる日本陸軍は、国家の成り立ちにおいて、異なる人種を法的保護の対象とは見なさない「皇国民」を構成員として成立している「皇軍」であった、ということになってくる。ここに松井の信条と彼が率いた兵士たちの間に横たわる認識の落差がある。ハンナ・アーレントは「民族が自分自身を、彼らのものと定められた特定の定住地域に根を下ろした歴史的・文化的統一体として自覚し始めたところ」に「国民」は登場するとも語っているが[45]、当時に限らず、今日にあっても日本人が中華民族と同じ歴史的、文化的統一体として実感することはまずない。

人種においても文化においても西洋よりは中国のほうが相対的に近いという感覚はあるだろうが、「同胞」として、極端な言い方をすれば、ふたつの国家に分断された同じ民族として、あるいはそれに近い存在として、日本人が中国人を認識しているとは考えられない。

松井が信じた「大亜細亜主義」という観念は、地理的、歴史的、文化的、言語的、その他さまざまな伝統にもとづくアジア諸国家の「国民的境界」を横断して、ひとつの全体性を形成するには、現実領域における裏づけに乏しいものであった。そして今日から見れば、このような「大亜細亜主義」の観念的性格が、最終的に松井の理念を裏切る形で、彼を深刻な失意と悲劇へと導く結果をもたらすことになった、と考えることもできるのである。

注

（1）『「大東亜戦争」はなぜ起きたのか　汎アジア主義の政治経済史』名古屋大学出版会　平成二二（二〇一〇）・二

（2）『日本陸軍とアジア政策　陸軍大将宇都宮太郎日記1』岩波書店　平成一九（二〇〇七）・四

（3）『極東国際軍事裁判速記録　第七巻』雄松堂書店　昭和四三（一九六八）・一

（4）（3）と同じ

（5）『外交時報』第六五巻六七九号　昭和八（一九三三）・三

（6）安藤彦太郎訳　岩波文庫　昭和三二（一九五七）・三
（7）生前未発表、執筆は明治三五（一九〇二）年頃『明治文学全集』三八　筑摩書房　昭和四三（一九六八）・二
（8）（1）と同じ
（9）山下龍三「国民革命」『日本大百科全書9』小学館　昭和六一（一九八六・五）
（10）岡部牧夫「山東出兵」『日本大百科全書10』小学館　昭和六一（一九八六・七）
（11）『外交時報』第四六巻五四五号　昭和二（一九二七）・八
（12）（11）と同じ
（13）『外交時報』第四六巻五四八号　昭和二（一九二七）・一〇
（14）（11）と同じ
（15）「支那の所謂愛国運動」『外交時報』第四二巻四九七号　大正一四（一九二五）・八
（16）「支那共産党の過去現在及将来」『外交時報』第四八巻五七三号　昭和三（一九二八）・一〇
（17）『外交時報』第四八巻五五六号　昭和三（一九二八）・二
（18）（15）と同じ
（19）（17）と同じ
（20）『大亜細亜主義』第一巻八号　昭和八（一九三三）・一二
（21）『大亜細亜主義』第二巻一九号　昭和九（一九三四）・一一
（22）（20）と同じ

(23) 君島和彦「満州事変」『日本大百科全書22』小学館　昭和六三（一九八八）・七
(24)（2）と同じ
(25)（2）と同じ
(26)『大亜細亜主義』第一巻二号　昭和八（一九三三）・六
(27)（1）と同じ
(28)『大亜細亜主義』第七巻七九号　昭和一四（一九三九）・一一
(29)「西南游記」田中正明編『松井石根大将の陣中日記』芙蓉書房　昭和六〇（一九八五）・五
(30) 国立公文書館　アジア歴史資料センター所蔵
(31)（20）と同じ
(32)『外交時報』第四六巻六七三号　昭和七（一九三二）・一二
(33)（17）と同じ
(34) 中公新書　昭和六一（一九八六）・二
(35)『続現代史資料』四　みすず書房　昭和五八（一九八三）・三
(36) 防衛庁防衛研修所戦史室『支那事変陸軍作戦』2　朝雲新聞社　昭和五一（一九七六）・二
(37)（36）と同じ
(38)『徳富蘇峰　終戦後日記─「頑蘇夢物語」Ⅱ』講談社　平成一八（二〇〇六）・一二
(39)（3）と同じ
(40)（3）と同じ

(41) 花山信勝『平和の発見　巣鴨の生と死の記録』朝日新聞社　昭和二四（一九四九）・二

(42) 大島通義・大島かおり共訳『全体主義の起原2』みすず書房　昭和四七（一九七二）・一二

(43) 水嶋一憲他訳『〈帝国〉グローバル化の世界秩序とマルチチュードの可能性』以文社　平成一五（二〇〇三）・一

(44) (42) と同じ

(45) (42) と同じ

Ⅲ　大川周明の「三国意識」――アジアの解放と文化主義

はじめに

大川周明は戦後、A級戦犯容疑者として東京裁判法廷に召喚されるものの、精神疾患を発症し、出廷を免除されることになった。大川の戦争責任についてはその後、審議されることなく、結果、検察団による訴追がなされることもなかった。一度だけ、法廷に出廷した際に、うしろから東条英機の頭をたたいたエピソードは有名であり、この出来事が大川の精神疾患を説得力あるものにしていることは、よく知られている。

これまで出版されてきた大川に関する評伝や研究でも、東京裁判とのかかわりを論じる際に、そのほとんどが、このエピソードや大川の精神疾患に関係づけて論じられてきた。

ところが、東京裁判に際して結成された『国際検察局尋問調書』を読むと、開廷以前の段階において、検察側による大川の戦争責任追及がある程度、行われていた事実を確認することができる。[1] この点に注目してみると、彼と東京裁判とのかかわりについて論じるに際して、東条の頭をたたき精神疾患と認定されて、訴追されることはなかったと述べるだけでは、やや事実とは異なることになろう。多弁とまでは言えないまでも、検察側の質問に対して大川が興味深い発言をしていることを、尋問調書から確認することもまたできるのだ。

ここでの目的は、『国際検察局尋問調書』に記された大川の発言を起点として、彼のアジア観念、アジア太平洋戦争に対する認識を検討していくところにある。

では『国際検察局尋問調書』に記された大川に関する記録のあらましを確認するところからはじめることにしよう。

同書にファイルされている大川の人物像を記した「JAMES.J.GAINNE JR」名のメモ書きには、尋問をはじめるにあたって検察団が大川について調べた内容が（誤解も含めて）さまざま記されている。

まず、このメモの冒頭付近において大川が、超国家主義者の著述家であり、扇動家、陰謀家、テロリスト（「Ultra-nationarist writer, propagandist, plotter and terrorist」）であった、と記されている。大川は近年、二〇年におけるもっとも危険な、超国家主義のリーダーの一人であり（「OKAWA has been one of the most consistenty dangerous Japanese ultra-nationalist leaders over the last twenty years」）、また、大正一一（一九二二）年に出版した『復興亜細亜の諸問題』(2)は日本の国家主義者における汎亜細亜主義の標準的なハンドブックであったとも指摘されている（「Fukko Ajia no ShoMondai」「became the standard pan- Asiatic handbook of the Japanese nationalists」）。さらに、猶存社や神武会などの団体を通じてテロリストの活動を指導していたこと（「Through this society he directed terrorist activities」）、東条英機への手紙を読んでみると、東条と政治上、親密な関係にあったと考えられること（「In reading a letter of written to General TOJO which was recovered from TOJO's pesonal effects, it can be seen that he was on intimate political teams with TOJO」）などなど、大川が右翼団体や東条英機と親密の関係にあったことも指摘されている。とくに、東条への手紙の件りは、国際検察局が大川に対して共謀罪の適応を検討していたことを明確に伝えている。

また、大川と二・二六事件の関わりについて指摘されている件りを見ると（「he was one of the key figures in planning and carrying out the assassination of Februry 26, 1936」）、大川が主に関わったのが五・一五事件であったことを踏まえれば、このメモ書きの著者が、大川と北一輝を混同していたか、五・一五事件と二・二六事件を混同していた可能性があったことがわかる。

いずれにせよこのメモは、尋問をはじめるにあたって、国際検察局が、政府や右翼団体への影響力を利用しつつ、日本をファシズムと戦争の時代へと牽引していった邪悪な思想家、扇動家、策謀家として、大川を理解していたことを伝えている。

次に尋問の中身について、そのあらましを見ていくことにしよう。

誤解をはらみつつも、以上のような大川に対する理解を前提として行われた尋問にあっては、（1）満鉄調査部時代、東亜経済調査局付属研究所時代の活動（とくに満州事変とのかかわりや中国における諜報活動）の解明、（2）五・一五事件、二・二六事件など日本がファシズムへと突き進んでいく過程で起きたさまざまなテロ事件とのかかわりの解明、（3）大川の著作に記されたプロパガンダ的性格の確認、（4）東条英機との関係の解明、おおむね以上の四つのテーマに沿う形で尋問が行われている。

大川のアジア太平洋戦争観という観点から、これらを一読してみてとくに興味深く感じるのは、戦時下、彼が発表した扇動的な文章に関する尋問官の質問に対しては、すべてみずからの思想の表明であったことを認めながらも、もう一方で、昭和一六（一九四一）年の段階での英米との開戦は時期尚早であった、と述べていることである。

尋問にあっては、くりかえし大川の著書が読みあげられ、その内容が彼の時代認識や文明観、戦争観の表明であったかどうかが確認されている。たとえば、『復興亜細亜の諸問題』[3]について尋問官が言及した場面では、インドだけでなく、アジア大陸の広い地域で白人に踏みにじられ、奴隷にされている（「I realize not only India, but every place on the vast contient of Asia had trampled underfood by the white man and every race had been enslaved by him」）、アジアのあらゆる場所で白人による支配に対する抵抗の潮流が見えはじめている（「throughout of Asia, the tide of resistance against white domination is rising」）、日本はアジアにおけるあらゆる文化、文明を保存しており、さらに西洋の科学知識を吸収したアジアにおける唯一の独立国家として（「Japan is a reservoir of all the culture and civilization of Asia. Besides, she is the only independent country in Asia that has absorbed the scientific knowledge of the Occident」）、この神聖な事業のために物質的精神的な精力を費やさなければならない（「Japanese people should employ all their physical and mental energies」）、などの文章を読み上げた上で、「You made that statement?」と質問している。それに対して大川は「Yes」とのみ答えている。続いてさらに尋問官は「貴方の言う神聖な仕事とは世界中のすべての人びとを天皇の下に連れてくることか?」（「The sacred task you were speaking of was bringing all of the world under the Emperor, was it not?」）と質問している。尋問官は大川のアジア主義が天皇制と入れ子式の構造になっていると考えていたわけだが、この質問に対しても大川は「Yes」とのみ答えている。

東条英機宛書簡をめぐる応答

しかし、調書には、東条英機宛書簡に関して尋問する場面においてのみ、例外的に大川が多弁になる様子が記されている。問題の書簡は昭和一五（一九四〇）年七月二一日の日付で、大川から東条に送られたものであり、大塚健洋「大川周明『対米工作』資料―昭和14年、幻の日米経済提携」[(4)]によって広く知られるようになった。その後、『国際検察局尋問調書』刊行に際して、すべてが復刻されるにおよんで、大塚によって発掘された東条宛書簡をめぐる国際検察局と大川とのやりとりもまた、一次資料から全体像が確認できるようになった。

まずはこの書簡の内容について説明しておくと、ここで大川は、東条にむかって、大蔵大臣の誠意が足りず失敗したが、アメリカとの間に借款協定を結ぶため、今の情況を緩和すべく努力してほしい、と提言している（「But for the insincerity of the Minisiter of Finance the United States Loan Agreement question is almost settled as you know. Will you please exert your whole hearted efforts in alleviating this condition.」）。

その理由として大川は、蒋介石の唯一の希望はアメリカから経済的援助を得ることであり、もし日本とアメリカとの間に借款協定を結ぶことに成功すれば、中国は唯一の希望を失うことになる、そうなれば、支那事変をただちに終わらせ、日本は南方への進出を進めることが可能になる、これだけが現在の危機的状況を解決する手段である、と説明している（「General Chiang Kai Shek's only salvation is to obtain aid from the United States, therefor if the above mentioned agreement is completed it will be a lighting stroke obliterating China's only hope, bringing about an immediate termination of the CHINA INCIDENT and making it possible for Japan to proceed in its Southward advancement plan. This I believe is only solution to the present critial Situation.」）。

南部仏印進駐をきっかけとして日米関係が極度に悪化していった歴史的事実を踏まえた場合、大川が言うように、日本による南方進出と対米英戦の回避が両立しえたとはおよそ考えられないのだが、その可否はともかくとして、大川がその可能性を信じていたことはまちがいない。すくなくとも大川は、アメリカと中国を同時に敵に回し戦争を遂行することは、戦略的に誤りであると考えていた。だからこそ、アメリカとの融和と日支事変の解決を一挙に実現しようした、とこの書簡から判断することができる。

また原田幸吉によれば、大川は中国における領土的拡大の野心がないことを示すために、満州国の承認を条件に中国から軍隊を引き揚げることだけが、日支事変解決の道であると考え、東条に献策したこともあったという。しかし、それも東条に容れられることはなかった。(5)

『国際検察局尋問調書』にはこの書簡をめぐる様々な応答が記されているのだが、とくに私が注目したいのは、この尋問をつぶさに点検していくとき、大川のアジア太平洋戦争観が浮かび上がってくることである。次のやりとりがそれである。

Q In 1940 you saw that Tojo was fixing to lead Japan into this Greater East Asia war prematurely and you tried to stop him didn't you?

A This war, as far as I was concernd, was a very very important war and I did not want to fight a losing war and that is the reason I opposed Tojo in 1940.

Q You wanted Japan to wait a-while didn't you?

A Yes, my principles have not changed. I thought it was very hard. We were not prepared at all.

Q Is there anything else you would like to tell us? Anything you would like to say?

A I believed in these principles of cooperation under cutural understanding of the Asia and of the world and as a Japanese I wished to grasp the leadership for Japan but

> because I did not feel that Japan was ready yet or had been culturally trained to take the leadership I oppsosed this war as coming soon.

言うまでもなく、この問答におけるＱは尋問官の質問、Ａはそれに対する大川の答えである。

この問答において尋問官は、大川に対してまず、東条は一九四〇年の段階で日本を戦争へと導こうとしていたが、あなたはそれを止めようとしたのか、と質問している。それに対して大川は、一九四〇年の段階において、戦争は勝つ見込みはなく、だから東条に反対したのだ、と答えている。さらに尋問官が、もうすこし戦争を待つべきだったということかと質問すると、大川は「Yes」と答えた上で、日本はまったく戦争の準備がなされていなかった、アジアや世界の人びとがそれぞれの文化を理解し、ともに助け合っていくような理念を自分は信じていたのだが、日本はいまだアジアの盟主としてリーダーシップを取るには文化的に練達されておらず、だから、私は日本がすぐに戦争をはじめることに反対した、と答えている。

維新の精神

『国際検察局尋問調書』を起点として大川のアジア太平洋戦争観を考えていく場合、東条宛書簡をめぐるやりとりは、きわめて示唆的な内容を含んでいる。大川は対米英戦争を開始するためにはアジアの人びとが日本を文化上のリーダーとして認め尊敬する必要がある、と考えていた。

これをふまえて、あらためて大川が記したさまざまな文章をつぶさに読んでいくとき、東条宛書簡や国際検察局とのやりとりと符合するような記述を多数、確認することができる。言い換えれば、大川のアジア太平洋戦争に対する姿勢は、戦争中も国際検察局による尋問に際しても、ほぼ一貫している。

たとえば、「国民の二つの願」(6)で大川は、「いま国民至心の願ひが二つある。一は日支事変の迅速なる解決であり、他は積極的なる南方進出である。日支一たび協力すれば、亜細亜解放の大業は立(ママ)どころに成るであろう」、と記している。大川に言わせれば、日本だけでアジアの解放を主張しても、アメリカは「侵略主義の仮装」と宣伝するだけであり、日本と中国が一致してアジア解放の理念を声明しなければならない。にもかかわらず、今、日本と中国は戦争状態にあり、日本国民は「支那と協力して亜細亜を解放し、南方に確乎たる経済的支配を樹立せんことを切望して居る」。この文章が発表されたのは昭和一五(一九四〇)年一〇月であるが、前述の東条宛書簡が昭和一五(一九四〇)年七月二一日の日付になっていること、しかもその内容が、日支事変の解決とアジアの解放を献策していることをふまえれば、「国民の二つの願」と、対米借款締結による蒋介石との和睦を主張する東条宛書簡は、問題意識を共有していると見てよい。

同じことは翌月に発表された「帝国主義的南進論の克服」(7)にも指摘することができる。ここで大川は日本が南方に進出する意義を主張しているのだが、彼によれば、日本経済がアメリカ、イギリスへの依存から脱却する必要があるから日本はアジアに進出しようとしているのではない、もしそんなことをすれば、たとえ、アメリカやイギリス、オランダを駆逐することに成功したとしても、「土着の民衆は茲に危険なる新侵略者を見出だし」「長期に亙る絶望的なるゲリラ戦の反復を覚悟せねばならぬ」、日本は「支那事変の痛切なる経験より生れ出たる東亜協同体の原理に立脚し、此の協同体の発展拡大として、南洋を包摂する東南協同体の構想によつて導かれねばならぬ」、こう大川は主張している。

この文章の興味深い点は、大川が、解決の糸口を見つけることができないままに、蒋介石率いる国民党政府との戦争状態が継続する現状を、かなり批判的に眺めていたことである。ここで言う「支那事変の痛切なる経験」とは泥奴化した日支事変の現状を指しているはずであり、おそらくその反省の上に立って、大川は、日本が侵略主義的な態度で南方に進出することの愚を戒めている。そんなことをすれば、日支事変同様に、東南アジアの人々もまた日本に対して終わりのない「ゲリラ戦」をしかけてくることになる、と警告しているわけである。

実は、大川は満州事変以来、日本の大陸侵略はまちがっている、と批判をくりかえしている。たとえば、昭和六（一九三一）年六月に発表された「満蒙問題の考察」[8]がそれにあたる。明治維新の国策は「東洋永遠の平和を確保し、東亜民族の平安と繁栄を図ること」にあった。征韓論、日清戦争、日露戦争はすべてこの国策に沿ったものであり、「日本は私利貪婪のこゝろを抱いて大陸に進出したのではない」、しかし、「此の強烈なる精神」もいつとはなしに衰えはじめ、「今や満蒙に於ける日本の立場は、専ら経済的必要から、次では国防的見地から主張せられるるに至つた」、しかし、それでは日本の生存のためには満州が必要だと言っているにすぎず、そうなれば、日本が大陸に進出する道義的根拠が存在しないことになってしまう、と警鐘を鳴らしている。

同様のことは昭和一六（一九四一）年四月に発表された「厳粛なる反省」[9]でもくりかえされている。大川はここで、日露戦争は白人世界に最初の一撃を加え、アジア諸国に復興の希望を抱かせた点で世界史的意義を持つが、「支那事変は」「支那多数の民衆のみならず、概して亜細亜諸国が吾国に対して反感を抱きつつある」、「彼等の或者は、日本を以て彼等の現在の白人主人と択ぶところ無き者と考へ、著しきは一層好ましからぬものとさへ恐れて居る」、と論じている。満州事変から日支事変にいたる大陸進出が、大川の目には、大義を欠いた国家的エゴイズムの追求にすぎないものに映っていたわけで、その姿をアジアの側から見れば、日本の海外膨張策は、欧米列強に代わる新しい支配者の登場以外の何ものでもなかったことになる。そうであるとするならば、日本のアジア進出がそこに住まう人びとに支持されるはずもなく、結果的に日本は、日支事変がそうであったように、今度は東南アジアを舞台にして、解決の糸口の見えない戦争に突き進むことになる、そう大川の目には映っていた。

つけ加えると、明治期を視座として国家のありように対して軌道修正を要請する発想は、猶存社時代、大川と行動をともにした北一輝ときわめて近い。たとえば、北は『支那革命外史』[10]で、維新の元老たちが、「維新革命の心的体現者大西郷を群がり殺して以来、即ち明治十年以降の日本は、いささかも建設の革命ではなく、復辟の背信的転倒である」、と論じている。ここで言う大西郷、つまり、征韓論を推し進めようとした西郷隆盛は、頭山満など玄洋社系のアジア主義者たちの精神的支柱とも言うべき存在であった。大川もまた『大亜細亜秩序建設』[11]において、東亜新秩序確立の先覚者として西郷隆盛と頭山満の名前をあげ、頭山の「南州（筆者注、西郷隆盛の雅号）先生が生きて居られたならば、日支の提携なんぞは問題ぢやない。実にアジアの基礎はびくともしないものになつて居たに相違ない」という言葉を紹介している。この言葉は、日中連携によるアジアの解放という大川の主張を、頭山、あるいは西郷によって代弁させたものである。

それはともかく、西洋の圧迫に対抗して、日本の国家的独立を実現し、さらに植民地化されたアジアを列強から解放しようとしたところに、明治の精神を求めた点では、大川と北の歴史認識はほぼ一致している。両者のちがいを言えば、北の場合、西郷の死とともに明治維新の精神は失われたと考えていたのに対して、大川は日清、日露戦争まではアジア解放の大義は日本国民の間で共有されており、日本国家の大陸進出もまた道義性を内包していた、と考えていたところにある。大川の歴史認識にしたがえば、明治の精神が失われたのは、もうすこし後になってから、昭和に入ってからである。満州事変から日支事変にいたる日本の大陸進出は、明治の精神とはかけ離れた、ただの国家的利益の追求にすぎず、そのような侵略的な日本の姿は西洋列強とかわるものではない、だから、日支事変解決の糸口も見いだせない、そう大川は考えていた。

結果、大川の学問上の情熱は、日本によるアジア団結のための文化的基盤の構築に、傾注されていくことになる。

アジアとの連帯

たとえば、「亜細亜的言行」[12]で大川は、アジアの諸民族が日本に積極的に協力するためには、「日本民族は亜細亜的に自覚し、亜細亜的に行動」しなければならない、と語っている。儒教や仏教の理想を摂取し実現しているがゆえに、「日本精神は取りも直さず亜細亜の精神」なのであって、「徒らに『日本的』なるものを力説して居るだけでは」アジアの人びとの共感を得られるはずはなく、「大東亜戦争のための対外思想戦としては無力」なものであらざるをえない。国学的な人種主義的発想を退け、「日本精神」を「亜細亜の精神」へと拡大していこうとする大川の姿を、ここに確認することができる。

また、『新東洋精神』[13]で大川は、今、日本は「亜細亜を動かすための思想体系」を生み出す必要に迫られている、「それは亜細亜諸民族を積極的に日本に協力させるための欠くべからざる条件である」、と日本文化とアジア文明との回路をいまだ築きえていない現状を批判している。

このような大川の言葉は、ふたつの重要な問題を内包している。まず第一は、『国際検察局尋問調書』に記されたやりとりと符合する内容をここに確認できることである。先ほども言及したように、東条に日支事変の早期解決を献策した理由として大川は、日本がいまだアジアの盟主としてリーダーシップを取るほどには文化的に練達していないからだ、と語っていた。ここで彼が言うところの、日本文化の問題点とは、「徒らに『日本的』なるものを力説しているだけ」の日本主義、つまり、民族文化の極端な純化を志向する国学風の日本主義イデオロギーを指している。昭和二〇(一九四五)年の段階において、日本文化の偏狭性を批判した大川と、国際検察局にむかって開戦は時期尚早と考えていたと語った大川は、その時局観、思想的立場において一致している。

第二は、これまでも指摘されてきたことだが、[14]この時期の大川のアジア主義が基本的に岡倉天心の影響下にあったことを、確認できることである。たとえば、前掲『新東洋精神』[15]で大川は、「我等は、新東洋精神確立のために、必ず先づ東洋伝統の精神を正しく認識しなければならぬ」、「『亜細亜は一つ』とは、偉大なる先覚者岡倉天心の三十年以前の提唱であり、大東亜戦争の進行と共に、新たに感激を以て再認識せられつつある」、と語っている。この時期の大川が構想していた「亜細亜を動かすための思想体系」とは、基本的には岡倉天心によって建立された文化的アジア主義の延長上に位置するものであった。

さて、その岡倉天心であるが、天心は『東洋の理想』(16)でアジアの精神文明としての日本文化について、次のように語っている。

万世一系の天皇をいただくという比類なき祝福、征服されたことのない民族の誇らかな自恃、膨張発展を犠牲として祖先伝来の観念と本能とを守った島国的孤立などが、日本を、アジアの思想と文化を託す真の貯蔵庫たらしめた。（中略）日本はアジア文明の博物館となっている。いや博物館以上のものである。何となれば、この民族のふしぎな天性は、この民族をして、古いものを失うことなしに新しいものを歓迎する生ける不二元論の精神をもって、過去の諸理想のすべての面に意を留めさせているからである。

一言で言うならば、岡倉天心はここで日本文化の特権性をその雑居性に求めている。私たちの日常的経験に照らしても、日本人は、神社にお参りし、寺院で法事を行っている。近頃では流行らなくなったようにも思えるが、いまだに世俗化した儒教道徳が目に見えない行動原理として、私たちに内面化されている。経験的主観に即せば、私たち日本人が文化の雑居性の中にあることは否定しようがないわけだが、天心はそこに日本文化の特権性を指摘している。アジアのさまざまな精神文化が流れ込み、その貯蔵庫のような様相を呈しているからこそ、日本文化はアジアの中で特権的な位置にあるのだ、と天心は論じている。

大川の構想は、このような岡倉天心の文化的アジア主義を、「大東亜戦争のための対外思想戦」に耐えうるイデオロギーに再編成するところにあった。たとえば『大東亜秩序建設』[17]で大川は、日本は東洋全体を「三国」（日本、中国、インド）と呼び、日本人が日常生活を「三国意識」の上に築いてきた事実は、「日本が亜細亜に対して偉大なる使命と責任とを負荷すべき日の来ることを示唆する」ものであり、「三国魂の客観化又は具体化こそ、取りも直さず大東亜共栄圏である」、と論じている。ここで言うところの「三国意識」が、天心の指摘した日本文化の雑居性と符合していることは言うまでもない。日本的であると同時にインド的であり中国的でもあるような、精神文化の雑居性こそが、日本が戦争の大義としてかかげる大東亜共栄圏のアジア的性格（脱西洋的なありよう）を保証するのだ、と大川は論じているのである。

そのような日本文化が、アジア諸民族によって支持されれば、日本がアジアの盟主として彼らに認められることになる、そうなれば、西洋列強からのアジアの解放という大義をかかげる日本の下にアジアの諸民族が団結することが可能になる。

では日本をアジアの指導者たらしめる「三国意識」について、大川は具体的に、どのようにイメージしていたのであろうか。この問題に関して、手がかりとなるのは、『新東洋精神』[18]に記された次の言葉である。

東洋の超個人的秩序は、宇宙全体を貫くものとされて居ります。東洋に於ては万物の宇宙的秩序と人間の社会的秩序の間に、如何なる分裂をも認めて居りませぬ。東洋は天地人即ち神と自然と人生とを、直覚（ママ）または体験によつて、生命ある統一体として把握して来たので、西洋に於ける如く宗教と道徳と政治との分化を見なかつたのであります。日本のみち、支那の道、印度のダルマ又リタ、回教のシャルは、みな人間の生活を宗教・道徳・政治の三方面に分化せしめず、飽くまでそれを渾然たる一体として把握し、これ等の三者を兼ね具へた人生全体の規範とされて来たのであります。

このように、大川がとなえるアジアの精神は、個々の宗教と宗教そのものを区別するところからはじまっている。それぞれの国、宗教によって、みち、道、ダルマ、リタ、シャルと呼び方が異なるだけで、宇宙全体を貫く真理はひとつである。そのようなアジアの精神は個々の宗教（教義・ドグマ）を横断して存在しており、政治、宗教、道徳が一体化し、融合する形で、私たちの人生を取り囲み、統御している。これが大川の言うところの「新東洋精神」、「三国意識」であった。中国の「道」も仏教の「ダルマ」も受けいれてきた歴史を有するがゆえに、日本はアジア文明の盟主たりうるのであり、とするならば、大東亜共栄圏とは、宗教と政治と道義が一体化したアジア文明の客体化でなければならない、というのが大川の論理であった。

このような大川の思想について私は、大東亜共栄圏のイデオロギー的基盤であった点のみに注目して、ただのプロパガンダだったと決めつけてしまうこともできないと考えている。むしろ、ここに大川を理解するむつかしさがあるように思われる。

ハンナ・アーレントは、限定された領土と同質的住民とによって規定された国民国家が、帝国主義の膨張運動を育てる土台となったことは、「一見不条理な食い違いの一例」であると語っている。[19] 大川が直面したのは、まさにこのジレンマに起因する問題であった。たとえば、大川は「亜細亜的言行」[20]で、今日の日本人について「儒教や仏教をまで否定して、独り『儒仏以前』

を高調賛美する如き傾向は、決して亜細亜の民心を得る所以ではない」、と語っている。また、『新東洋精神』(21)では、「日本の思想の貧困は、屢々繰返されるところの嘆きであり、事実また貧困でもある」、と批判を展開している。日本精神はたしかに声高に主張されてはいるが、多くの知識層は、同調しないと非国民と怒号されるので聞き流しているにすぎない、同胞さえ説得できないような言説によって、アジアの人びとを説得できるはずもなく、そのような日本精神によっては、そこに住まう人びとから協力が得られるはずがない、こう大川は言う。

天孫降臨神話に日本民族の起源を求める天皇制神話は、日本民族の文化的、宗教的起源を説明することで文化的同質性を担保し、近代日本が国民国家として成立する上でのイデオロギー的基盤を用意したわけだが、儒教や仏教が伝来する以前に民族の起源を求める国学的な日本主義イデオロギーは、必然的に他の民族に対して閉ざされたものにならざるをえない。たとえば、平泉澄は『伝統』(22)において、北畠親房『神皇正統記』冒頭の「大日本は神国なり。天祖はじめて基をひらき日神ながく統を伝へ給ふ。我国のみ此事あり、異朝には其たぐひなし。此故に神国と云ふなり」という言葉を引用しつつ、「実に確乎たる信念溢ゝるがごとく、その威厳、読む者の胸をうたずんばやまざる堂々たる書出しではありませんか」、と述べている。このような極端な民族主義的ナショナリズムがアジアの人びととの間に共有されるとはおよそ考えられない。

アントニオ・ネグリ、マイケル・ハートは「国民国家とそれに付随するイデオロギー構造は、その領域の内部ではあくまでも人民の純粋さを創出し再生産しようとする一方で、その外部においては〈他者〉を生み出し、人種的差異」をつくりだすと論じている。[23] 近代天皇制神話においても、日本民族としての自覚を内面化していくことを通じて国民を成立せしめるところに、本来的な役割があるわけだが、それも行きすぎれば、日本民族の超越性や優越性を過剰に意識するあまり、他民族を攻撃的なまでに劣等視することになる。「異朝には其たぐひ」がないのだから、日本は「神国」であるという選民思想を高揚感をもって語る平泉の言葉は、その好例である。大川が言うように、儒教や仏教以前に本来的な日本人の精神文化を求めるような、極端な純化を志向する日本主義は、外部に対して閉ざされており、とするならば、アジア諸民族との連帯の論理をここから導き出すことはできない。

しかし、天皇制神話をアジアという空間に引き出せばどうなるかと考えてみると、おそらくそれは、国学的な日本主義者にとっては天皇制の否定を意味するものでしかなかったはずである。大川の「三国意識」を敷衍していけば、アジアの諸国家を超越してあるような普遍的な真理(「みち」や「道」、「ダルマ」、「リタ」、「シャル」)の一変調(バージョン)として天皇制は位置づけられることになる。そうなれば、必然的に超越的価値は、天皇制神話から、その上位概念である、アジアの諸国家を横断して偏在する普遍的な真理の側に移行することになる。結果、天皇制の絶対的な権威性は相対的に低下せざるをえない。国民形成原理である天皇制神話をアジアの精神にまで拡大しようとすれば(あるいは、本来的に外部に対して閉ざされている天皇制神話とアジア文明との回路を開こうとすれば)、必然的に、国体の権威性を毀損してしまうことになる。他の文化や宗教に対して寛容であるためには、メタ・レベルの視点を介して、自らの文化や信仰の相対性を認識する必要に迫られることになる。

イスラム教への傾斜

では最終的に大川は、日本精神とアジアを連結する回路を発見したのだろうか。この問題について私見を述べれば、大川自身もその答えを見つけることができなかったのではないか、と私は考えている。そもそも近代天皇制神話が、民族主義に根を持つ国民国家の形成原理である以上、その本質的性格からして、外部に対して回路を開くこと自体、構造上ありえない。

戦後、大川がコーランの研究に没頭したのも、世界宗教としてすでに民族や国家を超えて浸透しつつあったイスラム教に、アジアの解放と連帯の可能性を見たからであった。

昭和二〇（一九四五）年一二月一二日、東京裁判被告として巣鴨拘置所に収容された大川は、昭和二一（一九四六）年獄中にて精神障害を起こし（その真偽については諸説ある）、米軍病院、東大病院を経て、同年八月下旬には松沢病院で治療することになった。病気が快癒したのは翌昭和二二（一九四七）年の春である。大川の自叙伝『安楽の門』[24]によれば、松沢病院に入院してから三ヶ月後にあたる、昭和二一（一九四六）年一二月頃から、彼は自宅から取り寄せたコーランの原典および一〇種類あまりの和漢英仏訳本を読みはじめている。その理由を大川は「私が乱心中の白日夢で屢々マホメットと会見し、そのために古蘭に対する興味がつよくよみがへつたからである」、と説明している。昭和二二（一九四七）年二月下旬には読了、翌三月一七日から大川はコーランの翻訳と注釈の筆を執っている。脱稿はおおよそ一年八ヶ月後の昭和二三（一九四八）年一二月であり、同書は『古蘭』のタイトルで昭和二五（一九五〇）年二月、岩崎書店から刊行されている。

大川によるコーラン訳注に関して松本健一は、大川の『古蘭』は純粋な学問上の業績として評価すべきであり、精神病をわずらい松沢病院に入院したことが、彼をふたたび学問の世界へと復帰することを可能ならしめた、大川は、文明史上の最終段階において東西は融合すると考えており、その時、世界宗教として国民国家を超えたイスラム教は意味を持ちはじめると予感していた、と分析している。[25]

しかし、結論から言えば、松本の分析はまったくまちがっている。岡倉天心の影響、アジア主義への傾斜、北一輝との交流、すでに見てきたように、どの観点から見ても、大川は列強によって植民地化されたアジア人種の一員として、西洋に対峙しようとしている。大川にとって東西の関係は、徹頭徹尾、非対称としてあり、彼の思索は一貫して、植民地支配からのアジアの解放を企図している。その大川が支配と被支配ではなく、対等の関係にあるような西洋文明と東洋文明の融合一体化を信じたとはとても考えられない。松本の考察は、大川の全生涯にわたる学問や思索を無視した上で立論されている。もし、大川が「西洋からのアジアの解放」という生涯の理念を放棄したのであるのなら、それは正しくは「転向」と言わなければならないし、そのような形跡はどこにも確認することはできない。

そこで、あらためて大川のイスラム教への関心について検討してみると、実は、大川は生涯にわたって何度もイスラム教に言及しており、アジア太平洋戦争下にあっても、彼のイスラム研究の到達点とも言うべき、『回教概論』[26]を出版している。そして、これらを一読して気がつくのが、「三国意識」や「新東洋精神」など、大川が繰り返し提唱した大東亜共栄圏の思想的基盤に関する議論と通じる内容が、そこに記されていることである。

たとえば、『復興亜細亜の諸問題』[27]で大川は、反資本主義＝西洋文明という視点から、ボルシェヴィキ（ソビエト共産党）とイスラム教を文明上の革命勢力と位置づけている（「第七　労農露西亜の中東政策」）。さらに彼は世界のイスラム教徒の六分の五にあたる一億五三〇〇万人が、非イスラム教徒に支配されている現状を確認した上で、西洋列強が植民地支配下にあるイスラム教徒の撲滅や同化を試みたがいずれも失敗し、「放任主義」または「協同主義」を採るにいたったこと、イスラム教徒の住む地域の西洋化やキリスト教化はきわめて困難であること（「第十　欧羅巴治下の回教民族」）、を論じている。さらに同書で大川は、イスラム教は信者の内面および外面の生活を支配しており、信仰と道徳、法律、国家は一体化し不可分の関係にある（「第十一　復興亜細亜の前衛たるべき回教同盟」）、とも指摘している。

また、戦時下において公にされた『回教概論』[28]では、まず序文で、イスラム教がインドや中国、インドネシアにも広がりつつあるがイスラム教本来の性格は変化することがなかったこと、イスラム教は一般的な意味での宗教ではなく「文化体系の総合」と言うべきものであることが論じられている。その上で、本論ではイスラム教徒はアラーの意志、つまり、公私一切におけるイスラム教徒の行動を律する「シャリーアハ」に従わなければならないこと、「シャル」は「道」、「アルラー」は「律法」を意味すること（「第五章　回教の信仰」）などが紹介されるのだが、とくに興味深いのはイスラム教徒の国家観念、領土観念を説明した件りである（「第七章　回教教壇の発達」）。イスラム教徒には国境という概念がなく、世界全土がイスラム教団の領土として観念されている。非イスラム教徒もいずれはイスラム教に帰依すべきであり、したがって、世界は「回教の地」と「戦争の地」に分けられることになる。「回教教団と一切の非回教的国家との国際的関係は、原則としてただ戦争あるのみ」であり、「この非回教徒に対する戦争が取りも直さず『聖戦 JIhad』であり、一切の回教徒に課せられたる義務である」、とここには記されている。今日から見れば、ここで大川が紹介しているイスラムの行動原理は、イスラム原理主義にもとづく諸団体のそれと通じるようにも思える。

もはやあきらかと思うが、このような大川のイスラム教理解は、今日から見れば、彼が大東亜共栄圏の思想的基盤として構想した「三国意識」や「新東洋精神」ときわめて近い。あるいは、大川はその理想形をイスラム教に発見したと言ってもよい。「日本のみち」と「回教のシャル」をともに、「人間の生活を宗教・道徳・政治の三方面に分化せしめず、飽くまでそれを渾然たる一体として」いるアジアの精神としてとらえ、[29]その客観化、具体化として大東亜共栄圏はあるべきだと考えていた大川の思想からすれば、イスラム教は松本の言うような東西文明融合の可能性を示唆するものではなく、一元的なアジア精神を思想として構築する上での手がかりとなるべきものであった。

さらに言えば、「亜細亜諸民族を積極的に日本に協力させるため」、「亜細亜を動かすための思想体系」を生み出す必要に迫られていると論じ、[30]国際検察局に対しても、日本は文化の領域においてリーダーシップを発揮する準備ができていなかったと語った大川にしてみれば、イスラム教はアジア解放の可能性を内包するものでもあった。イスラム教は、天皇制神話とは異なり、人種主義や国民国家との回路を遮断する形で成立しており、同時に、政治と信仰、道義を一体化したアジアの精神文明の共有に成功している。しかも、イスラム教は西洋文明による同化政策に対して強靭な抵抗力を示す歴史を持つ。

中島岳志は「『世界の道義的統一』を天皇制の拡大と浸透によって実現したいという思い」から、大川はイスラム教の「文化を越える普遍性と浸透力」に関心を寄せた、と指摘している。[31]大川が大東亜共栄圏実現のための文化的基盤としての天皇制について、脆弱性を感じていたことはまちがいなく、結果として、イスラム教の普遍宗教的性格に着目することになったという点に関しては、私も同じ意見である。大川がイスラム教を参照しつつ、天皇制の文化的基盤を再構築しようと企図していた可能性は否定できない。

さて、ここまで『国際検察局尋問調書』を起点として大川のアジア認識を検討してきたわけだが、あらためてふりかえってみると、彼のアジアに向き合う姿勢は、今日に生きる私たちのそれとは大きくかけ離れたものであった。大川は戦争回避を東条に献策したが、それも別に彼が平和を愛好していたからではなく、日本がアジアの盟主となって西洋文明と戦っていくにはまだ準備が足りないという戦略的な判断にもとづくものであった。

と同時に大川の思想は、『古事記』や『日本書紀』に回帰する形で天皇制の精神的価値を抽出しようとする国学的な日本主義イデオロギーとくらべれば、「国体」の権威をいちじるしく損なうものでもあった。道義性と暴力、植民地支配からの解放と海外膨張、民族観念や国家観念の失効とアジア文明への参入、これらが分かちがたく融合する形で大川の思想は形成されている。

興味深いのはこのような大川のアジア主義が、アジア太平洋戦争がはじまるまで大川が賞賛を惜しまなかったマハトマ・ガンディーの思想との決定的な差異を形成している点である。

大正一一（一九二二）年、『復興亜細亜の諸問題』[32]において、すでに大川はガンディーに言及しており、ここで彼は「印度はガンディに導かれて新しき時代に入るであろう。ガンディが徹底して印度的理想を掲げ而して印度的手段によって、その実現の歩を進めつゝある」、と論じている。以後、大川はくりかえしガンディーに対して賞賛の言葉を贈ることになるのだが、彼のガンディーに対する敬意とは、イギリスによる植民地支配との闘争にあって、ガンディーが宗教家として「印度精神」をもって指導にあたったところにあった。アジアの精神による西洋列強に対する抵抗運動というガンディーの姿勢に大川は共鳴したわけである。大川はアジア太平洋戦争がはじまってからも、ガンディーに対する賛辞の言葉をくりかえし述べており、たとえば、昭和一七（一九四二）年に発表された「印度問題の一つの鍵」[33]でも、「印度を指導するには、ガンディ的力を以てせねばならぬ」、と記している。

一方、ガンディーは『獄中からの手紙』で『神は真理なり』と言うよりも、『真理は神なり』と言ったほうが、より的確です」、「真の完全な宗教は一つですが、それが人間という媒体をとおして表わされるときに多となるのです」[34]、と語っている。このような宗教観は、アジアのあらゆる宗教の教義（ドグマ）を超越して偏在しているような「宇宙全体を貫く」「東洋の超個人的秩序」の存在を前提としているわけだが、この考え方は、日本の「みち」、中国の「道」、インドの「ダルマ」を超越的な価値として定位する大川のアジア文明理解にきわめて近い。

大川がガンディーに対して批判的態度を見せはじめるのは、「ガンディを通して印度人に与ふ」[35]以降である。この文章はガンディーの「日本人に対する警告文」に対する回答として、大川によって執筆されたものである。ここで大川は「マハートマ・ガンディの日本に対する一切の非難は、大東亜戦争をもって帝国主義的野心の発動なりする誤解の上に立つ」と述べた上で、昭和七（一九三二）年の満州事変以降日本は、アジア抑圧の元凶であるアメリカ、イギリスとの関係を断って、アジア解放のために立ち上がったのであり、そこには「炎炎として燃え上れる日本の三国意識」がある、と述べている。

しかし、今日から見れば、大川のこのような反論はガンディーの批判とまったくかみ合っていない。たとえば、ガンディーは有名なアヒンサー（非暴力）という考え方について、「他人を打ちまかそうとやっきになっている人は、前進することなく」、「禍をもたらす者を寛恕す人は、自ら前進するとともに、ときには敵対者を共に連れ立ってゆく」[36]、と説明している。アヒンサーの精神がガンディーにとって、インド的、あるいはアジア的なものであったとするならば、大川の主張は、戦争遂行の大義を声高に叫んでいる点において、すでにアジアの精神文明から逸脱している。大川は西洋との対比の中でアジアの精神文明の優越性をくりかえし語っているが、ガンディー的視点から見れば、大川が唱えた「三国意識」もまた、手段としての暴力を許容している点で、西洋文明の一変調（バージョン）にすぎなかった。

思索の上では、道義的な理由にもとづくアジアの解放を企図しながらも、大川が生きた人生そのもの、つまり、行動派右翼としての五・一五事件への関与、NHKラジオにおける『米英東亜侵略史』の連続公演などのプロパガンダ活動、東亜経済調査局附属研究所（いわゆる大川塾）における工作員の養成は、今日から見て、きわめて暴力的で独善的な印象を受ける。ここにはかつて大川が敬愛していたガンディーとの決定的な差異がある。イギリスによる塩の専売に対する反対運動としての「塩の行進」、イギリス製品ボイコットの象徴としてみずから糸車で紡いだチャルカの思想など、ガンディーは非暴力という理念に手段を従属させたわけだが、大川は目的としての非暴力を実現するために、手段としての暴力・テロ・陰謀を容認してしまってる。戦後、大川はイスラム教に傾斜していくが、イスラム教が聖戦を容認する以上、このような姿勢は戦後も変わっていなかったと見るべきである。

とするなら、大川が提唱する「新東洋精神」や「三国意識」は、独善と暴力を内包する見せかけの非暴力だったと言わざるをえない。理念とは極端に矛盾する手段を積極的に承認し、実行する大川は、結果的にみずからが奉じた理念を、自分の手で否定してしまっている、大川が用いた手段は彼の目的や理念を決定的な形で損なってしまっている、と今日から見れば、言わざるをえないのである。

注

（1）粟屋憲太郎他編『国際検察局〈ＩＰＳ〉尋問調書　第二三巻』日本図書センター現代資料出版事業部　平成五（一九九三）・八
（2）大鐙閣　大正一一（一九二二）・六
（3）（2）と同じ
（4）『中央公論』平成四（一九九二）・二
（5）『大川周明博士の生涯』大川周明顕彰会　昭和五七（一九八二）
（6）『新亜細亜』昭和一五（一九四〇）・一〇
（7）『新亜細亜』昭和一五（一九四〇）・一一
（8）『月刊日本』昭和六（一九三一）・六
（9）『新亜細亜』昭和一六（一九四一）・四
（10）大鐙閣　大正一〇（一九二一）・一一
（11）第一書房　昭和一八（一九四三）・六

(12)『新亜細亜』昭和一八(一九四三)・九
(13)新京出版　昭和二〇(一九四五)・四
(14)竹内好『日本とアジア』ちくま学芸文庫　平成五(一九九三)・一一、松本健一『大川周明』作品社　昭和六一(一九八六)・八、関岡英之『大川周明の大アジア主義』講談社　平成一九(二〇〇七)・一二など
(15)(14)と同じ
(16)富原芳彰訳『東洋の理想』、初出は英文で、「The Ideals of the East with Especial Reference to the Art of Japan」のタイトルで、明治三六(一九〇三)年、イギリスJohn Murray書店から刊行されている。引用は、『明治文学全集38』明治書院　昭和四三(一九六八)・二
(17)(11)と同じ
(18)(13)と同じ
(19)大島通義・大島かおり共訳『全体主義の起原2』みすず書房　昭和四七(一九七二)・一二
(20)(12)と同じ
(21)(13)と同じ
(22)至文堂　昭和一五(一九四〇)・一
(23)水嶋一憲他訳『帝国』以文社　平成一五(二〇〇三)・一
(24)出雲書房　昭和二六(一九五一)・一〇
(25)(14)松本と同じ

(26) 慶応書房　昭和一七（一九四二）・八
(27) (2) と同じ
(28) (26) と同じ
(29) (13) と同じ
(30) (13) と同じ
(31)『アジア主義』潮出版　平成二九（二〇一七）・七
(32) (2) と同じ
(33)『新亜細亜』昭和一七（一九四三）・一〇
(34) 森本達雄訳　岩波文庫　平成二二（二〇一〇）・七
(35)『毎日新聞』昭和一七（一九四三）・一二・一五、一六
(36) (34) と同じ

Ⅳ　竹山道雄のファシズム論

――近代文明の光と影

はじめに

竹山道雄『ビルマの竪琴』は昭和二二（一九四七）年三月から昭和二三（一九四八）年二月まで、児童文学雑誌『赤とんぼ』に連載された。終戦直後、降伏を拒否する日本兵たちを説得するために、彼らが立てこもる陣地（通称、三角山）にむかった水島上等兵は、原隊に合流しようとビルマをさまよう中で、供養されることもなく、うち棄てられたままの無数の日本兵の死体に遭遇する。その結果、水島は日本への帰国を断念し、ビルマにとどまって戦死した日本兵をとむらいつづけることを決意する。

従来の研究や批評において、この物語が鎮魂の書であると同時に、竹山道雄による思索の書でもあることは、くりかえし論じられてきた。「水島という人物を創造することによって、作者は戦争の問題、日本民族の生き方、人類の宿命などを考えている[1]」、「読後にわれわれは、ひとつの思想小説としての感銘を受ける[2]」、「水島上等兵は竹山道雄の「戦争責任」の自己追求の姿である[3]」、などの指摘がそれである。

これらの論考は、いずれも主人公の水島上等兵を作者、竹山道雄の分身として理解しているわけだが、興味深いのは、その水島が同時に、ビルマに憧れ、最終的に、その精神文化を体現するビルマ僧として生きることを選択していることである。とするならば、「ふだんから、「何とはなしに、ただビルマが好きだ」」と口にしていた水島は、西洋近代文明の外部に思想上の立脚点を求める竹山の姿でもあった、と見ることができるかもしれない。

　このような視点からあらためて『ビルマの竪琴』を眺めてみると、この物語には、のちに『ツァラツストラ』の翻訳者として知られることになる竹山が、ニーチェの影響下で獲得した西洋文明に対する深刻な洞察の位相を確認することができる。

　たとえば、ビルマをさまようちに水島が首刈り族につかまってしまうエピソードが作品には描かれているが、彼らの精神文化について水島は次のように説明している。

> かれらはつねに目に見えない魔霊によってとりまかれていると信じていて、それをおそれることは非常なものです。いつも戦々兢々として生きています。猛悪に見える野蛮人はじつは臆病なのです。かれらは畑の作物の豊穣をいのって、そのために魔霊の御機嫌をとろうと思って、人の首という貴重なものをささげるのです。(中略)ビルマ一帯では、ナットという魔霊が信じられています。これは木にも石にも、そのほかありとあらゆる自然の中に宿っている精霊で、これに愛されればどんな幸せでもめぐってくるし、これを怒らせ

れば大変な災いがふりかかるのです。あの高尚な仏教を信じているビルマ人の、しかもその知識階級すらいまだにナットをあがめているので、その前に供物をささげたり、その霊をしずめる儀式をしたりしているところを、よく見ました。

ビルマでは、精霊に限らず、種々の守護霊や支配霊、人間の死霊、霊魂、悪霊、王の霊、天神などすべてが「ナッ」（作品では「ナット」）と呼ばれる。「非業の死を遂げた歴史上の顕著な人物の霊もナッとして祀り上げられ、強い霊力をもつ存在として恐れられている」という。(4)水島はこの「ナット」への捧げ物として首を刈られそうになるのだが、「ナット」の宿る木の前で竪琴を奏で、その霊を鎮めることで（あるいはそう原住民が誤解したことで）、原住民の酋長が「この青年は、諸君もごらんになったとおり、ナットとすら話しあう力をもっておる。これを殺すことは、精霊に対していかがでありましょうか」と言いはじめ、危機を脱することに成功する。このエピソードは、「非業の死」を遂げた日本兵の霊もまた「ナット」になりえることを、竪琴をもって「ナット」を鎮める水島上等兵は、だからこそ、ビルマの地に残された日本兵の魂をとむらう資格を持っていたことを暗示している。

そして、さらに重要なのは、このようなナット信仰には、西洋近代文明における世界認識の布置との根本的な断絶を確認することができることである。ニーチェは『権力への意志』[5]で、「理性、論理、範疇が形成されるときには、欲求が、すなわち、「認識する」欲求ではなく、理解し算定しやすくすることを目的として、包摂し、図式化する要求が、決定的となっていた」、と語っている。私たちの生存にとって有用であるためには、「計算し取り扱いやすくなるという有用性」が必要であって、そのため人は「先在的な「イデア」」を否定して、理性や論理を信じるようになった、というのである。また、竹山によって翻訳された『善悪の彼岸』[6]においても、同様のことが語られている。「「人間が見えず摑みえざるところには、人間が求むべき何物もなし」―この命題がプラトーンの命題と異なるものであることは、いうまでもない。しかし、この命題とても、ただ粗野な労働のみに従事すべき未来世界の機械技師や土木技師のような、粗笨にして勤勉なる種族にとっては、まさしく正当なものであろう」という言葉がそれである。西洋近代文明にあっては、「イデア」、すなわち目に見えない形而上学的な価値を物質の背後に見る認識論的布置が捨象され、ひたすら有用性のみが追求される。ニーチェはここに西洋文明の科学中心主義、理性中心主義の本質的性格を指摘している。西洋文明にあっては、物質の精神性は剝奪され、客観的な物体、目に見えるものとしてのみ認識されるようになっていく。

このように見てくると、ニーチェについて深い理解を有していた竹山が、あえて水島上等兵をナットを操る能力を持つビルマ僧として設定した意味がわかってくる。水島上等兵は、西洋近代文明の外部的存在として、言い換えれば、利害関心的態度をもって世界を理解しようとする認識論的布置とは無縁な人物として設定されている。実際、ビルマ仏教の比丘は「四堕法」（パーリ語の原義は「四つのなすべきでないこと」）が求められるという。それは性欲の克己、偸盗の否定、殺生の禁止、虚言の排除の四つの戒律であり、「世俗的生活を撤廃する心がけ」を説いたものであるという。[7] 有用性や個人的欲望を反価値の側に追いやる「イデア」、つまり作品で言う「ナット」という目に見えない価値を世界の真理とする文明の体現者として、水島は描かれている。

「文明」の裁きへの疑念

また、水島上等兵が、この戦争で死んだ日本兵に寄りそう形で、あるいは、死者のまなざしをもって、戦争を考えようとしていることも重要である。

三角山で降伏を拒む日本軍の説得に失敗した水島は、イギリス軍との戦闘に巻き込まれながらも助かり、原隊に復帰するためにビルマの南、ムドンに向かう。そして、その道中、無数の日本兵の死骸を目にすることになる。無残きわまる光景を目の前にした水島は、「日本人として、同胞として、涙もでないほどかなしいこと」に感じ、死骸を荼毘に付し、それが難しい時は土葬にしてとむらいながら、南をめざす。やがて水島はビルマ中にうち棄てられた日本兵の死骸の多さに呆然としながら、「ムドンへはまだ遠いのに、する事はあまりにも多いのです。このビルマ全国にわたる仕事を一つ一つ片づけていったら、何月どころか、何年かかってムドンへ行けるか分かりません」、と考えるようになる。そして、水島は、このシッタン河での体験を直接のきっかけとして、日本に帰ることを断念し、ビルマの地にとどまってとむらいを続けることを決心することになる。

それでも、この森の中にあったものはようやく始末をしおえて、ここを出て、ある大きな川べりにきました。シッタン河でした。濁った水かさの多い急流でした。ここで対岸にわたる舟をさがしているとき、私は真におどろくべきものを見ました。それは白骨の――いな、腐爛した死体の山でした。川のほとりの沼になったところに投げこまれ積みあげられてあるのですが、まわりにはぬるま湯のような水がつかり、蘆がしげって、泡がたっています。衣類その他ははぎとられたとみえてありませんでした。おそらくここが渡河点だったのでしょう。それで、退却のさいにここでたくさん死んだと思われます。

この文章に登場する、日本軍によるシッタン河の渡河は、昭和二〇（一九四五）年七月二〇日に行われている。インパールから退却するため、日本軍はこの川を渡河しなければならなかったが、舟艇は一隻も残っておらず、しかもイギリス軍機の偵察によって、すでにその動きは察知されていた。約三万二〇〇〇名の日本兵が渡河を試みたが、イギリス軍の攻撃や溺死で、おおよそ四〇パーセント、一万三〇〇〇名の兵士が命を失うことになる。また、渡河の際には、多くの負傷者が、手榴弾のピンを抜いて自決したとも伝えられている。あるいは、軍に同行していた慰安婦が体に巻いていた軍票が渡河中に水を吸い、その重みで溺死していくケースもしばしばあったという(8)。いわゆる白骨街道とならんで、ビルマインパール作戦におけるもっとも悲惨な戦場となった場所のひとつが、シッタン河であった。

とむらいをはじめた水島が河原を掘っていると、砂の中から大きな赤いルビーが出てきた。水島にはこれが、「死んだ人たちの魂」のように思われ、「このルビーをこの国で命をおとしたすべての人の遺霊と考えて、それからいつも肌身はなさずに」持ち歩くようになったという。

おそらくこのルビーは、「ナット」の象徴であろう。シッタン河のほとりで水島は、非業の死を遂げた日本兵の霊魂に出会っているのであり、「私はあのシッタン河のほとりの、それからそのほかまだ見ない山の上、森の中、谷の底の、このビルマ全国に散乱している同胞の白骨を、そのままにしておくことはできません」という水島の言葉からは、シッタン河の体験が、彼の同胞への哀憐の情をもっとも深刻なかたちで喚起した出来事であったことがわかる。

『ビルマの竪琴』のストーリーの主軸を形成するこのエピソードは、作品成立時の時代状況とのかかわりから、理解する必要がある。相川美恵子は当時の反戦平和思想と『ビルマの竪琴』との同質性を指摘している。[9] また小熊英二によれば、「為政者の戦争責任を追及する倫理的根拠を、戦争に真面目に貢献し、犠牲を払った一般国民に求めるのが、当時の支配的論調」であり、「そうした倫理的根拠の究極が、戦死者であった」[10]。みずからの人生をビルマの地で非業の死を遂げた日本兵に捧げようとする水島は、そうであることで戦死した日本兵の代弁者たる「倫理的根拠」を獲得している。西洋文明の外部から戦争責任を思索する水島は、同時に戦死者に寄りそうことでその道徳的正当性をも獲得しているのであり、二重の意味で、水島は作者、竹山道雄の分身として戦争の問題を思索する資格が与えられている。

ここまでの考察を前提として、さらに竹山道雄と東京裁判の関係性について考えていく。東京裁判の開廷は昭和二一（一九四六）年五月三日、『ビルマの竪琴』連載が始まるおおよそ一〇ヶ月前にあたる。そして、開廷一ヶ月後に行われた検察団代表、ジョゼフ・キーナン主席検察官による冒頭陳述において、「彼等（筆者注、東条英機らいわゆるA級戦犯）は文明に対して宣戦を布告しました。彼等は法則を作りそして争点を裁決しました。彼等は民主主義と其の本質的基礎即ち人格の自由と尊重を破壊せんと決意しました。彼等は人民に依る人民の為の人民の政治は根絶さるべきで彼等の所謂「新秩序」が確立さるべきだと決意しました。」、と語られることになる。[11] 民主主義や人格の自由と尊厳などの「普遍的」価値に挑戦したのがアジア太平洋戦争の本質であり、東京裁判にあっては、「文明」の名の下に、彼らの戦争責任を問い、その罪を追及すると、キーナンは宣言した。言うまでもなく、このような東京裁判にあっては、「野蛮」は裁かれる側、民主主義や人権を破壊しようとした日本の側にあり、「文明」は裁く側、連合国の側にあった。

以上のような東京裁判における「文明」観を踏まえたとき、『ビルマの竪琴』の水島上等兵が、これとは正反対の文明観を体現していることに、私たちは気づく。この作品では、生き残り、捕虜となった日本兵の口を借りて、ふたつの文明観が対比的に語られている。ひとつは「若いころに軍服をきてくらすような国」である。日本はもちろんこの中に数えられている。このような国にあって国民は「よく働いて能率が上る人間になる」が、それは同時に、「自分が主になって力や富や知恵ですべてを支配しよう」とする欲望に身を委ねてしまっていることを意味する。このような日本の姿が、ニーチェが洞察した西洋近代文明の功利主義的性格と通底するものであることは言うまでもない。

これとは対照的なもうひとつの文明の体現者が、軍服の代わりに袈裟を着て暮らすビルマ人である。ビルマの人々は日本人のように能率や力、富を求めない。「人間が我をすてて、人間以上のひろいふかい天地の中にとけこもうとする」ところに彼らの人生態度があり、軍服を着る「文明」人と比べた場合、世界に対する姿勢が、根本的に異なっている。

もちろん水島上等兵は後者の側の人物である。「わが国は戦争をして、敗けて、くるしんでいます。それはむだな欲をだしたからです」、「われらが奉じた文明というものが、一面にははなはだ浅薄なものだったからです」と語る水島は、あきらかに東京裁判においてその普遍的価値が宣言されたはずの「文明」そのものに、戦争の原因を求めている。西洋近代文明は、水島上等兵によって、あるいは竹山道雄によって、能率と欲望を本質とする戦争の母胎としてとらえなおされている。

実は竹山はインドのパール判事とともにＡ級戦犯全員の無罪を主張したオランダのローリング判事と昵懇の間柄にあった。竹山は「あの人（筆者注、「オランダの判事のローリング氏」を指す）があの反対意見をもつにいたったすくなくとも最初の動機は、自分だったのだろうと思っている」、と記している。[12] 竹山の回想によれば、ローリングと知己をえた竹山は、裁判が進行していたある日、鎌倉の海岸で坐っていたローリングに偶然出くわす。最初は裁判の話はしなかったが、やがて竹山はローリングにむかって、「いま法廷に坐っている人々の中には、代罪羊がいると思います」、と語ったという。[13]

付け加えると、竹山とローリング判事との交流は東京裁判終了後も続いており、昭和三一（一九五六）年、竹山はオランダまでローリングを訪ねている。その際、ローリングは竹山に向かって「あの判決はあやまりだった」、「もしあの裁判がいま行われれば」「ああいう結果にはならなかっただろう。おおむねインド人のパル判事のように考えただろう」、と語ったという。[14]

また自身が東京裁判に傍聴に行くという設定で、竹山は「ハイド氏の裁判」[15]というエッセイを昭和二一（一九四六）年一〇月に執筆している。このエッセイは結局、占領軍の検閲によって未発表のままに終わることになるのだが、ここで竹山は「ある日、私は戦犯裁判の傍聴にいった」、「「あのあたらしい被告の名前は何といいますか？」隣の人は教えてくれた。「近代文明といいます」」と記している。『ビルマの竪琴』と同じく、竹山はここでも戦争の原因が「文明」にあったと記しているわけである。成立時期の近さから見て、水島上等兵の主張を東京裁判に引きつけ、大人を読者として想定する形で書きなおしたのが、「ハイド氏の裁判」であったと見てよい。

そこでさらに「ハイド氏の裁判」について詳しく見ていくと、このエッセイで竹山は、西洋文明は正と負ふたつの顔をもっていると語り、それをジキル博士とハイド氏になぞらえている。「裁判長閣下、吾人はこの法廷において、文明の名において裁いているのであります」、「吾人の文明がどこまでも汚れなきものであり、その光は人類を永遠に導くものたるを信じます。吾人はジーキルの姿でいる文明を奉じております」という言葉からは、東京裁判の冒頭陳述でキーナンが宣言した「文明の裁き」という大義を、竹山も認めていたことがわかる。しかし、もう一方で彼は、アジア太平洋戦争それ自体もまた、西洋文明のなせる業であったとも指摘している。西洋文明は、豊かな国にあっては、崇高な事業を遂行し、驚嘆すべき業績を上げ、人類を

「普遍的」価値へと導きながらも、いったん西洋文明が「持たざる国」、「人口多く資源すくなき国」にあらわれると、国民は「いにしえより持っていた「節度と価値」を失い」、「悪魔に憑かれた豚の群れ」と化していく、その結果として勃発したのがアジア太平洋戦争であった、というのが竹山の主張であった。

とするならば、戦争を二度とくりかえさないためには、西洋文明が貧困と結びついたときに形成される「暗黒の魔物」、そのハイド的性格を徹底的に究明しなければならない。「ハイド氏の裁判」において竹山は、西洋文明の本質を見落とすと悲劇はふたたびくりかえされることになる、と東京裁判に疑問を投げかけたのである。「ハイド氏の裁判」執筆の一〇ヶ月後に連載がはじまる『ビルマの竪琴』もまた、このような竹山の文明観、東京裁判に対する批判意識の上に成立していることはまちがいない。

ハイド氏のファシズム

竹山の批評、「昭和の精神史」[16]では、「ハイド氏の裁判」の問題意識を踏襲する形で、貧困に苦しむ近代国家でファシズムが形成されていくプロセスが、竹山独自の視点から分析されている。そして、竹山がこの問題を考えていくにあたって批判の対象とした書のひとつが、E・H・

ノーマンの『日本における近代国家の成立』[17]であった。竹山は昭和の戦争を考えていくにあたって同書を、「明治維新は「上からの革命」であった。支配者層とその精神は封建時代のままにもちこされ、昭和の歴史を動かしたのもこれが主体であった――これが今の定説であるが、はたしてそうなのであろうか？　幕末の日本と昭和初めの日本とは同じものだったのだろうか？」、「封建性があの近代戦をしたのだろうか？」、「ノーマン氏の『日本における近代国家の成立』は、このような考え方の規準になっているもののように察せられる」、と批判している。[18]

ここで竹山はノーマンの主張に関して、日本的近代に対するふたつの誤解を指摘している。まず第一は、明治国家の専制的性格は道義的にまちがったものではなかった、という指摘である。ノーマンは、明治の指導者にとって専制主義は日本を植民地に堕せしめないための唯一の方法であり、絶対主義的な国家体制が近代日本の本質的性格だったと同書で論じているが、これに対して竹山は、「植民地化しないで独立することは、反動ではない。現在のアジア諸国がこれをめざしていることが進歩への努力であることは、うたがえない」、と反論している。[19]日本が封建体制を否定して、近代化を達成しようとすれば、社会的混乱は免れえず、これを回避しようとすれば、強大な国家権力をもって圧政を行う以外に道はない。近代化を遂行するためには、その初期の段階にあって絶対主義の力を借りざるをえない。しかも近代日本の場合、その目的は西洋列強による植民地化を回避し、国家的独立を確保するところにあった、と言うのだ。

竹山によるノーマン批判の二点目は、明治期に確立された絶対主義的な国家体制の延長上に昭和期のファシズムを位置づけることはできない、という指摘である。別言すれば、竹山は日本におけるファシズムの成立を、明治体制との非連続性、あるいは断絶が形成されていく過程に見ようとしていた。このような竹山の歴史認識は、「昭和の超国家主義は、封建時代の継続的発展ではなかった。むしろ、封建体制や精神を克服してあたらしい段階に入った明治の体制を、さらに克服しようとしたものだった。それは否定の否定だった。」というものであった。(20)

竹山におけるアジア太平洋戦争の分析は、このような歴史認識の延長上で、言い換えれば、明治体制がどのように否定され解体されていったのかという問題意識を視座として、展開されることになる。具体的には昭和初期、二・二六事件を頂点とするさまざまな要人暗殺、クーデターを繰り返した軍、とくに陸軍中堅将校の思想に、貧民救済の論理と結びついた新たな天皇制の成立を、竹山は見ている。

たとえば竹山は、A級戦犯全員無罪を主張したインドのパール判事の「日本には独裁者はいなかった。特定の個人にせよ、個人からなる団体にせよ、一切の民主的抑制を超越して、独裁者として出現した者は、かってなかった」という言葉を引用しつつ、あえて昭和史に独裁者の役割を果たした存在を探せば、それは東条大将ではなく「中堅将校の集団」であった、と論じている。[21]

その上で竹山は、いわゆる皇道派の青年将校たちの行動原理や思想とノーマン的な歴史認識との「ずれ」を語りはじめることになる。たとえば、昭和初期にくりかえされた要人暗殺である。ノーマンの言うとおり、かりに昭和初期を明治維新の延長上に理解するならば、昭和期のファシズムは「行きづまった資本主義の自己強化である」ことになる。とするならば、資本主義がみずからの延命のために、團琢磨・井上準之助などの資本家や高橋是清など国家の経済政策を担った政治家を殺したことになる。これを言い換えれば、團や井上は「財閥を繁栄させるために、自分の手先に命じて自分を殺させた」ことになる。ここに竹山はノーマン的な歴史解釈の非現実性を指摘している。竹山に言わせれば、「「天皇制」の代表者たちは」むしろファッショ化に「反対していたから殺された」、と考えなければならない。[22]

また、竹山は二・二六事件の蹶起趣意書にある「元老、重臣、軍閥、官僚、政党等は、この国体破壊の元兇なり」という文章を引用しつつ、重臣、政党、財閥、官僚、軍閥の腐敗堕落、農民労働者の貧困を理由に、青年将校たちは重臣たちを次々に殺し、彼らによって支えられていた明治以来の「天皇制」を倒して、「国体をそのあるべき姿に顕現しよう」とした、とも論じている。[23]

このような歴史認識を裏づける証拠として、竹山は西園寺公望の側近、原田熊雄の日記や吉田内閣の法務長官、殖田俊吉の証言、東条内閣で外務大臣を務めた重光葵の獄中手記などなど、さまざまな資料を検討していくことになるわけだが、とくに興味深いのは、戦争中、思想担当の警察官として取り締まりにあたった三田村武男の『昭和政治秘録 戦争と共産主義』[24]に、竹山が言及している点である。

三田村によれば、昭和期、日本の陸軍の大部分は貧農と小市民、勤労階級の子弟によって構成されており、将校も大多数が中産階級以下だったので、その思想傾向は、反ブルジョア的であり、陸軍を母胎として成立したいわゆる国家革新運動もまた、反資本主義的だった。

竹山は三田村に言及して、『昭和政治秘録 戦争と共産主義』によれば、昭和初期におけるファシズムの形成やアジア太平洋戦争は、「自ら知らずして蔭の演出の筋書によっていた」、「奇矯のようだけれども、読んでいて、すくなくともこれがかなり大きな部分的真理であったことは説得される」、と語っている。[25]

ここで竹山が言う「蔭の演出の筋書」とはアジア太平洋戦争の背景には国際的なコミンテルンによる策謀があったという歴史認識を指す。このように要約してしまうと、同書で主張されている内容が、荒唐無稽な陰謀史観のようにも思えてしまうのだが、『昭和政治秘録　戦争と共産主義』では、世界的に共産主義が影響力を振るうなか、日本においてもこれに起因するさまざま事件が勃発し、それらが偶然的に作用を及ぼしあうなかで、ファシズムが成立しアジア太平洋戦争へと突き進んでいった過程が詳らかに語られている。

ところで、昭和の戦争を理解していくにあたって、竹山が共産主義あるいは国家社会主義の影響、とくに陸軍への影響に注目するようになったのは、戦前の段階で彼が、青年将校の一人と直接、知己をえていたことと関係がある。その将校は「つねにはげしい調子でブルジョアを攻撃」しており、この将校にすすめられて、竹山は権藤成卿の『自治民政理』を読むことになる。その内容は「日本上古の社会を理想としつつ、農民中心の共産制度を主張しているもの」だったという(26)。

ここで竹山が言及している「農民中心の共産制度」とは、おそらく、権藤成卿が主張した「社稷」制を指している。権藤によれば「人の生命、自由、財産、名誉に対する利幅は、奴隷の境遇にあるものゝ外、其人の得心なくして他より侵さるべき者ではない」、そのためには共同構成員が平等な立場で発言できる自治制度が必要となる。(27) 権藤に言わせれば、神代の昔から日本民族にはこのような伝統があり、天照大神の「岩戸隠れ」は、「農業的の国民（八百万神）が、農業侵略者（素盞嗚尊）に対する処置を決する」ための集会であったという。このような自治制度、すなわち「社稷は国民衣食住の大源」であり、「国民道徳の大源」であり、「国民漸化の大源」である。「我国の建立は悉く社稷を基礎として建立されたもの」であり、「皇室の深く社稷を尊重せられ玉ふ所と大旨と、国民の厚く社稷くを尊重する本意は、実に同一同軌である」、「民本主義、民主主義、社会主義」「各主義の人も、社稷観の素養がなくては、実行動作が或は破壊的に陥る」。古代以来の農耕共同体に日本の精神的伝統を求めた上で、天皇制に精神的支柱を求める日本的な民主主義、社会主義が、ここで構想されていることがわかるだろう。(28) 竹山の指摘通り、権藤の主張は、天皇制と共産主義、国家社会主義を一体化したような性格を持つものであった。

そしてさらに、竹山は、以上のような歴史的前提とした場合、戦争の責任をどこに求めるべきか、考察を進めていくことになる。

「昭和の精神史」や「天皇制について」[29]、「国体とは」[30]、「昭和史と東京裁判」[31]などの諸文章において、竹山はアジア太平洋戦争下の政治状況を、相矛盾するふたつの国家観念の対立と闘争のプロセスとして、理解しようとしている。たとえば、「天皇制について」で竹山は、「天皇ハ国民ニ対シ原則トシテ一切ノ私有ヲ禁ス」などの青年将校たちの政治スローガン、あるいは二・二六事件で中心的役割を果たした磯部浅一の「今の日本は何というざまでありませうか。天皇を政治的中心とせる元老、重臣、貴族、軍閥、政党、財閥の独裁国ではありませぬか」、「陛下、なぜもっと民を御らんになりませんか。日本国民の九割は貧苦にしなびて、おこる元気もないのでありますぞ」などの遺稿手記を引用しつつ、日本においてファシズムは、「天皇によって天皇制を倒そうとするもの[32]」だった、と定義している。日本のファシズムであった、と言うのだ。天皇の権威の下に、国家社会主義的な経済的平等を実現しようとする運動が、日本のファシズムであった、と言うのだ。先ほど言及した三田村武夫の『昭和政治秘録　戦争と共産主義』には、二・二六事件の首謀者の一人として刑死した栗原安秀陸軍中尉の「昭和維新も、兵学と農民と労働者との力を以て軍閥、官僚、政党を粉砕せざる間は招来し得ざるものと覚悟せざるべからず」、「機関説的天皇より国民の自主的天皇へ、これ昭和維新の一大目標ならざるべからず」という言葉が紹介されているが[33]、このような栗原の政治スローガンもまた、竹山の歴史認識の根拠となりうべき内容を含んでいる。

アジア太平洋戦争下におけるファシズムとは、議会制民主主義の異名であるような明治以来の天皇機関説を否定して、「空想された社会主義的なもの」と一体化した天皇制を実現しようとする運動（つまり「否定の否定」）であった、と竹山は考えていた。

ここに西洋文明の暗黒面、ハイド氏としての側面を、竹山が見ていたことはまちがいない。西洋文明、あるいは資本主義社会は、深刻な貧富の差を生み出す。そして、貧困層の怨嗟の声を母胎として、重臣、政党、財閥、官僚、軍閥の排除をめざす政治的勢力が成立することになる。貧困が深刻であればあるほど、その絶望は革命や国家改造のエネルギーへと転化され、やがては既成勢力への暴力、つまり議会政治や政党の停止、テロ、あるいは、自由や人権観念の失効をもたらすこととなる。昭和期におけるファシズムの本質を竹山は、貧困やそれに起因する絶望を母胎とする共産主義や国家社会主義と、天皇制との融合に求めたわけである。

竹山の東京裁判への批判的なまなざしは、以上のような歴史認識と表裏としてある。竹山に言わせれば、「初期に因をつくった人と、後期になってそれによって生れた既成事態を切りぬけるべく戦わざるをえなかった人とのあいだ」には、けじめがなくてはならないはずであり、

「東条大将すらむしろこの後の方に属する」、ハル・ノートによって「全面的屈服か戦争かの二者択一を迫られた」際に、たとえ東条が開戦を決意していたとしても、日本がそれを決断せざるをえなくなった原因は、彼の責任の外にある、というのだ。(34)

日本におけるファシズムの成立が、アジア太平洋戦争の原因であるとするならば　戦争は東条英機らA級戦犯個人の責任に帰せられるものではない。東条らもまた、貧困に起因する西洋近代文明の暗黒面、つまり文明論的な意味でのファシズムへと日本が傾斜していく中で、ある役割をはたしたにすぎなかった。東京裁判は、文明の責任を不問に付して、すべての責任を個人の意思や判断に求めてしまった、このように竹山は批判しているわけである。

ここであらためて、以上のような竹山の戦争認識を『ビルマの竪琴』とくらべてみた場合、『ビルマの竪琴』においては、ビルマの精神文明と対比しつつ西洋近代文明の功利性を説明した竹山が、「昭和の精神史」など諸評論では、これをより重層的にとらえなおしていることに気づく。西洋近代文明は功利的な価値の追求に本質があるが、富める国と富まざる国という二極化が生じた場合、自由や人権などの精神的価値を尊重する前者に対して、後者は他の諸価値を一切顧慮することなく、ひたすら経済的平等性をめざすことになる。ここにファシズム＝共産主義、国家社会主義の母胎が形成される。竹山の評論においては、戦争の原因であるところの西洋近代文明の功利性が、このように語られることになる。

竹山の反戦平和思想

竹山にとって東京裁判批判は、正しく歴史を理解することによって二度と戦争をくりかえさないため、絶対に必要な総括であった。

戦後、新憲法下で共産主義運動は合法化されたわけだが、小熊英二によれば、「共産主義の立場からすれば、戦争の廃止は、平和のスローガンだけで達成できるもの」ではなく、「戦争は資本主義と、その末期段階である帝国主義の必然性として発生するもの」であった。たとえば、この時期、神山茂夫は、「この世に資本主義が存在するかぎり、戦争の危険はなくならない」と主張し、徳田球一は国会で「戦争は実に内部矛盾から起ったのでありますから、必然戦争を拋棄するならば、資本主義をどうする」[35]、と迫ったという。

とするならば、ファシズムの起源に共産主義や国家社会主義の存在を指摘する竹山にとっては、ファシズムの原因を資本主義に求める左翼的言説の歴史認識そのものが、共産主義や国家社会主義の戦争責任を隠蔽するものであったことになる。言い換えるならば、戦後の左翼的言説に竹山は、戦争責任をすべて財閥、あるいは資本主義に転嫁していくことで、共産主義、国家社会主義の一変調（バージョン）としてのファシズム、あるいはそれを熱狂的に支持した日本国民の戦争責任を隠蔽していく姿を見ていた。そして、竹山にとってそれは、日本が戦争へとふたたび突き進んでいく可能性を、一見そうとは見えない形で、保存してしまうことを意味していたのである。

竹山は戦後の平和論を批判して、「「ソ連は歴史的に理論的に侵略戦争をしない国である」というのが、いまの平和論の一つの根拠である。しかし、歴史的には、かつてソ連は日本に戦争をしかけてきた（もともと戦争は資本主義のするものと信ぜられているが、ソ連はあのときに資本主義国となったわけなのだろうか？）」[36]、と語っている。このような竹山の言葉が、神山茂夫や徳田球一のような反戦平和思想を批判したものであることはまちがいない。同時代の左派から見れば、竹山の言葉は日本の戦争責任を免責する反動的思想に見えたであろうが、ファシズムを共産主義、国家社会主義の一変調（バージョン）と見なす竹山にとっては、彼を反動と位置づける左翼的言説こそが、「日本をふたたび戦争へと導く反戦平和思想」だったのである。

「歴史を解釈するときに、まずある大前提をたてて、そこから下へ下へと具体的事象の説明に及ぶ行き方は、あやまりである」、「このような「上からの演繹」は、かならずまちがった結論へと導く。事実につきあたるとそれを歪めてしまう」[37]、と竹山は語っている。戦争を引き起こす原因はつねに資本主義であるという前提に立つ左翼的言説の歴史認識は、そのこと自体によって、共産主義や国家社会主義の戦争責任を不問に付し、ふたたび戦争を招来する可能性を内包している、そう竹山は考えていた。竹山はたんに過去を総括するためだけに、アジア太平洋戦争や東京裁判の批判的検証を試みたわけではない。それはこの国が二度とあやまちを犯さず、戦争を起こさないための、平和を実現するための批評的営為であったのである。

注

（1）竹内好『『ビルマの竪琴』について』『文学』昭和二九（一九五四）・一二
（2）中村光夫「解説」『ビルマの竪琴』新潮文庫　昭和三四（一九五九）・四
（3）上野瞭『『ビルマの竪琴』について―児童文学における戦後の問題（Ⅰ）』『日本児童文学』昭和四〇（一九六五）・六
（4）池田正隆『ビルマ仏教　その歴史と儀礼・信仰』法蔵館　平成七（一九九五）・八
（5）原佑訳『権力への意志』下　ちくま学芸文庫　平成五（一九九三）・一二
（6）竹山道雄訳『善悪の彼岸・道徳の系譜』新潮文庫　昭和二九（一九五四）・五
（7）生野善應『ビルマ佛教　その実態と修行』大蔵出版　平成七（一九九五）・一〇

三）・七
（8）丸山静雄「シッタン突破作戦」『秘録大東亜戦史　ビルマ篇』富士書苑　昭和二八（一九五三）・七
（9）『ビルマの竪琴』考─読者はなぜ水島を手放さ（せ）ないのか」『ネバーランド』平成二二（二〇一〇）・五
（10）小熊英二『民主と愛国　戦後日本のナショナリズムと公共性』新曜社　平成一四（二〇〇二）・一〇
（11）牛村圭『「文明の裁き」をこえて』中公叢書　平成一二（二〇〇〇）・一二
（12）「昭和の精神史」『心』昭和三〇（一九五五）・八〜一二
（13）（12）と同じ
（14）「オランダの訪問」『心』昭和三二（一九五七）・二
（15）未発表、引用は『昭和の精神史　竹山道雄著作集』Ⅰ　福武書店　昭和五八（一九八三）・二
（16）（12）と同じ
（17）大窪愿二訳　時事通信社　昭和二三（一九四八）
（18）（12）と同じ
（19）（12）と同じ
（20）（12）と同じ
（21）（12）と同じ
（22）（12）と同じ

(23)　(12) と同じ
(24)　民主制度普及会　昭和二五（一九五〇）・五
(25)　(12) と同じ
(26)　(12) と同じ
(27)　『自治民範』平凡社　昭和二（一九二七）・二
(28)　(27) と同じ
(29)　『新潮』昭和三八（一九六三）・四
(30)　『文藝春秋』昭和五八（一九八三）・九
(31)　『正論』昭和五七（一九八二）・一二
(32)　(29) と同じ
(33)　(24) と同じ
(34)　(12) と同じ
(35)　(10) と同じ
(36)　(12) と同じ
(37)　(12) と同じ

V　堀田善衛と南京事件

——『時間』における歴史と実存の往還

はじめに

堀田善衛『時間』は昭和二八（一九五三）年一一月より昭和三〇（一九五五）年一月まで、『世界』昭和二八（一九五三）年一一月号、昭和二九（一九五四）年一〇月号、昭和三〇（一九五五）年一月号、『文学界』昭和二九（一九五四）年二月号、『改造』昭和二九（一九五四）年七月号に断続的に発表された。

この作品は、日中戦争のさ中、南京事件に巻き込まれた中国人のインテリゲンチャ、陳英諦の叙述という形態をとっている。陳は昭和一二（一九三七）年一二月一三日からはじまる日本軍による南京占領によって、妊娠九ヶ月の妻や子を殺され、従妹の揚妙音も、日本軍の兵士によって強姦されてしまう。また、陳自身、国民党軍の兵士とまちがわれ、日本兵による機銃掃射を受けながらも、奇跡的に助かった経験を持つ。そのようななかで陳は日本軍の情報将校の召使いとして働きつつ、諜報活動に従事することになった。かくし部屋の無線機をつかって、日本軍の情報を国民党政府に伝えるのが陳の任務であった。

このようにストーリーを説明すると、この作品が危険な任務に従事する抗日スパイの英雄譚のようにも思えてしまうのだが、一読してみると、それとは正反対の印象を、私たちはこの作品から受けることになる。『時間』は、南京事件を目の前にした陳英諦による内省や思索が、内容の中心になっている。『時間』は思想小説とも言うべき性格を持つ作品であり、この作品において堀田善衛は、歴史に参画する個人の生存の姿について、執拗な思索を試みている。

東京裁判との交錯

まずは、実際の南京事件と作品とのかかわりから分析をはじめると、『時間』を執筆するにあたって堀田が、南京事件についてさまざまな知識を得、作品世界に取り込もうとしていたことは、まずまちがいない。『上海にて』[1]で堀田は、「ナンキンということばが、現代史のなかでどれほどに世界的なものになっているかという例を一つあげておこう。このNanking Massacre（筆者注、「南京大虐殺」の意味）について知りたいと思われる人は、エドガー・スノウの諸著、極東軍事裁判の法廷記録などを参照されたい」、と語っている。たしかに、『時間』に描かれた南京事件の様子と東京裁判の記録をつきあわせてみると、堀田が同裁判に関する何らかの公判記録を参照していたことがわかってくる。

たとえば、主人公の陳英諦が日本兵によって拘束され射殺されそうになるエピソードがそれにあたる。

十二月十九日午後三時、わたしは左腕の傷によって、俘虜と認定され、すべての人々に訣れを告げた。（中略）われわれは、百人ほどずつかためられて、薄暗い西大門をくぐらされた。（中略）門の外と上には、何台かの機関銃が据えつけてあって、上と横から、門外に出た順に撃つ。撃たれた屍は、門のすぐ前のクリーク（筆者注、中国でよく見られる小運河）へごろごろと転がり落ちる。（中略）死にきらなかったものは、クリークに落ちこもうとはせずに、土にしがみつく。すると、兵が来て刺殺する。わたしはどうして生きていたのか、よくは知らぬ。恐らく、暗くなってからクリークから這い上り、と云うより、屍のあいだから出て来て、一軒の空き家に入ったとき、そこにうずくまっていた先客の云ったように、機関銃の発射される瞬間に死伏し、そのままクリークに転げ込んだかもしれぬ。

このエピソードは、東京裁判において、検察側証人、伍長徳によって行われた証言が下敷きになっている。伍長徳によれば事件当時、彼は南京市内にあった司法院の難民収容所にいたのだが、昭和一二（一九三七）年一二月一五日、日本兵がやってきて、国民党軍兵士の嫌疑をかけられてしまう。そして、「西大門ニ行進サセ」られ、「門ノ内側ニ坐ルヤウニ命ゼ」られる。

すると「数台ノ機関銃ガ日本兵ニ依ツテ門ノ丁度外側ト、ソノ両側ニスエツケラレ」ていた。「此ノ門ノ外側ニ運河トソノ下流ニ至ル急ナ坂」があり、「外部へ出ルト機関銃デ射タレ、ソノ体ハ坂ヲ転ゲテ、運河ノ中へ」落ちてしまう。「機関銃照射デ殺サレナカツタ者ハ日本兵ニ銃剣デ」刺されて殺されてしまった。しかし、伍は「出来ルダケ早ク走リ、機関銃ガ発射サレル寸前ニウツ伏セニナリ」、「暗クナリ始メテ」「日本兵ガ立去ルノヲ見テ、死体ノ間カラ這ヒ上ツテ、一軒ノ空家ニ這入リ、其所ニ十日間」隠れていたという(2)。空き家に隠れて生き延びた点など細部にいたるまで、『時間』に描かれた陳英諦の体験と一致していることを確認できる。

また『時間』には、南京事件の最中、揚子江河畔で多数の中国人が殺された様子が、次のように記されている。

やがて銃声。砲声はもう聞かれない。それから別な方向でも、長く続く銃声。（中略）後日知ったことだが、あのときの長く続いた銃声は、城外でつかまった同朋四万のうち、約一万人を機銃で殺したときのそれだったらしい。あとの三万人もまた…彼等は俘虜を揚子江岸の下関に集中し、機銃で片づけたのだ。千人くらいを一組にして射ち、あとの一組に屍体を揚子江へ捨てる労働をさせ、労働了(マ)って(マ)後に撃ち殺すという方法をとったとのことだ。

右のような日本軍による中国人虐殺については、東京裁判法廷においても、繰り返し証言がなされている。たとえば、検察側証人、尚徳斬義による「二人ヅツ一本ノ縄ヲ以テ手ヲ縛リ合サレ、揚子江ノ下関（シヤアクワン）ニ連行サレマシタ。其処ニハ千人以上ノ一般人男子ガ居リマシタ」、「私達ノ四、五十ヤードノ所ニハ、十余基ノ機関銃ガ私達ニ面シテ居リマシタ」、「四時頃ニナツテ一人ノ日本将校ガ」「日本兵ニ私達ニ対シテ機銃射撃ヲ始メル様命令シマシタ」、「私ハ、射撃ノ始マル直グ前ニ地上ニ仆レマシタ」(3)などの証言がそれにあたる。このような証言が『時間』に描かれた事件の様子とほぼ一致していることは言うまでもない。

また主人公の陳は、日本軍による南京占領後、虐殺された中国人の死体を運ぶ仕事をさせられるのだが、その際、五〇歳くらいの男から、「近所の息子が一人、兵隊でも何でもないのに、毎日麺粉をこねるのに麺棒を扱う」ために指にできた「たこを鉄砲の訓練をうけた際に出来たのだと云われ」、日本兵によって「銃剣で刺し殺された」事件を知らされることになる。

そして、その話を聞いた陳は「昨夜鬼子たちがわたしの額と掌を仔細に調べた」理由に思いいたり、日本兵は「額に軍帽による筋が刻み込まれているかどうかを調べたのだ」、と気づくことになる。南京市民の中に紛れ込んだ国民党軍を掃討する日本軍が、ろくに取り調べもせず、額に確認された日焼けの線や、指にできた「たこ」だけを根拠に現地民を殺傷していた様子が、ここには記されている。これらのエピソードは、国民党軍の兵士として日本軍が殺傷した中国人の中に、多くの一般市民も含まれていたことを暗示している。

そして、これらの逸話についても、東京裁判において行われた証言の中に、ほぼ一致する内容が含まれていることを確認することができる。東京裁判法廷で検察側証人、陳福宝は、日本軍が南京に入城して二日目の一二月一四日、避難地区から三九名の市民に対して取り調べを行い、「額ニ帽子ノ跡ノアル者又ハ手ニ銃ヲ操縦シテ出来タ胼胝(たこ)ノアル者」は国民党軍の兵士であると判断し銃殺した、[(4)]と証言している。さらに陳福宝は「其ノ人々ノ大部分ハ常民ナノデアル。私ハ南京ノ住民デアリ夫等ノ人々ノ数名ガ南京ノ住民デアルコトヲ知ツテ居ル」とも証言している。多くの南京市民が、日本軍による国民党軍掃討に巻き込まれるかたちで殺されていったことが、ここでも語られている。

マギー証言との距離

ところが、『時間』と南京事件に関するさまざまな記録をつきあわせていくと、今まで確認してきた事柄とは反対の、非常に興味深い事実が浮かび上がってくる。『時間』執筆にあたって堀田が、南京事件そのものに関して、きわめて抑制的な筆致で描こうとつとめていた痕跡を確認することができるのだ。具体的に言えば、堀田は『時間』執筆にあたって、南京事件に関する証言の中でももっとも残忍で猟奇的なエピソードを伝えるマギー証言については、そのすべてを作品世界から締め出している。

主人公の陳が南京事件の最中、後に東京裁判で証言台に立つことになるマギー牧師を目撃した様子が、作品では次のように記されている。

わたしは道に一人の西洋人が一人の中国人を従えて歩いてゆくのを見た。わたしは、その西洋人に助けを求めた。マクギーとか、マギーとかいう米人であった。（中略）このマクギーまたはマギーなる人は、通りにぽつんぽつんと建った家という家の扉を悉くひらいてみて、なかの写真をとる。どの家にも泣いている女か、死んでいる女か、うつむいた男か、死んだ男がいた。

ここに登場する、マギーが従える中国人は、許伝音という人物である。許は東京裁判法廷で、「強姦サレタ婦人ノ中二人ハ十四歳デアリ、一人ハ十七歳デアリマシタ、強姦シテカラ日本兵ハ是等ノ女子ノ膣ノ中ニ異物ヲ差込ミ」、「ソレカラ私達ハ又其ノ死骸ヲ見マシタ」、と証言している。さらに許は『時間』に描かれたのと同様に、「「マギー」サント私ハ是等ノ死骸ノ写真ヲ撮リマシタ」、とも証言している。作品に登場させたのだから、当然、堀田は二人が東京裁判法廷において行った証言の内容を知っていたはずである。しかし、堀田は南京事件のさ中、二人が何を目撃したのか、描こうとはしなかった。南京事件の残虐さを強調する意図が堀田にあったならば、日本軍に強姦され、膣に異物を差し込まれて殺害された少女のエピソードが削除されるはずはなく、つじつまが合わない。

堀田が作品世界に取り入れること見送ったエピソードは、他にも多数存在する。たとえば、マギーは東京裁判法廷で、「七十七歳ノ老母」が「少ナクトモ十七回カラ十八回ニ亙ツテ強姦サレタ」、「「ベツト」ノ下ニ隠レテ居タ」母親「ヲ強姦シテソレカラ殺シ」「一歳ノ少女ノ膣ノ中ニ棒を突込ンダ(5)」、などの証言も行っている。

あるいは、先ほど確認したように堀田はエドガー・スノウの著作を通じても南京事件の知識を得ていたわけだが、こちらも同様である。スノウは『アジアの解放』上巻で[6]、「十歳から七十歳までの女といふ女が強姦された。難民は酔つぱらつた日本兵たちにしばしば銃剣で刺された。母親たちはしばしば彼女らの赤ん坊の首が切られるのをみせられた上強姦されねばならなかつた」、というエピソードを伝えている。

マギーやスノウによる南京事件の残虐さを伝える記録を、おそらく堀田は承知している。にもかかわらず、あえて堀田はこれらのエピソードを『時間』に書き込もうとはしなかった。ここには、堀田の明確な意図がある。もし、堀田の狙いが日本の軍国主義やファシズムの残虐さを告発しその罪を糾弾するところにあったならば、これらのエピソードは積極的に作品世界に取り入れられたはずである。

単行本を刊行する際、『時間』の帯文に堀田は「思想には右も左もある筈がない。進歩も退歩もあるものか。今日に生きてゆくについて、我々を生かしてくれる、母なる思想—それを私は求めた」、と記している[7]。『時間』を執筆するに際して堀田は、戦前の軍国主義に対してはもちろんのこと、戦後の左翼思想や進歩史観に対しても距離を置こうとしている。南京事件を戦前の軍国主義が引き起こした悲惨極まる事件として描いたとき、進歩的であろうが反ファシズムであろうが、作品はなんらかの政治的イデオロギーに従属することになる。「我々を生かしてくれる、母なる思想」を描こうとした堀田は、『時間』執筆にあたって、政治的課題とは離れた場所に立脚点を定め、人間の実存に関する問題に取り組もうとした。だからこそ堀田は、マギー証言やスノウが伝える記録を作品世界から締め出し、きわめて抑圧的な筆致で南京事件を叙述することになったのではないか。

反美学としての『時間』

では、堀田は『時間』においてどのような主題を展開しているのであろうか。その手がかりになるのが、冒頭近くに登場する次の文章である。

あの紫金の山は、人間の歴史が終り果てた後でも、この地上に生物がまったく姿を消した後でも、なだらかな線のどこかに、一抹の険を含んだあの形のままで存在しつづけるにちがいないのだ。中国の自然は（中略）どこかに人間を疎外したようなものを秘めている。史前も史後もかくあるであろう、と思わせるような、そういう非情なものを含んでいる。

史後（という言葉があるかどうか知らぬが）の自然、その風景を見たかったら（中略）紫金山を眺め給え、とわたしは云いたい。すれば諸君は、いまから何万年或は何十万年以降の、そして同時に以前の風景をも、その時の光輝の只中に於て見ることが出来るであろう。あの山にあっては、時間ははじめから凍結しているのだ。

この文章から、陳の紫金山体験の本質が、生成と変化、消滅を運命づけられた相対的な存在である人間とは非対称の関係にある自然の絶対性の発見にあったことがわかる。自然は、人類が登場し歴史を紡ぎはじめる以前であっても、人類が死滅し歴史が終焉した以降であっても、同じ風景を維持しつづけている。つまり、自然は、歴史の外部にあるような、絶対的な存在としてある。陳が自然を「人間を疎外したようなもの」に感じるのも、それゆえである。このような自然を視座とするならば、人間はうつろで不確かな存在にすぎない。そのような人間が自然という絶対の世界に参画できるはずがない。

しかし次に、陳の思索は、自然と人間の関係を、人間の側からとらえなおす方向に向かうことになる。そして、歴史の外にある自然と非対称の関係にあることによって、人間は実存的な生存様式を獲得する、と考えはじめる。「史前であり史後である、この苛酷な美を、われわれは厚い城壁によって拒否し、城壁によって、暖い血と柔い肉をもった人間を守り、精神を守って生きているのだ」、「われわれは自然と闘い、それに抵抗して歴史と精神を作ろうとしているのだ」という陳の言葉は、自然と人間の非対称な関係を、人間の側からとらえなおしたものである。人間はたしかに、生々流転を繰り返すしかない、うつろな存在である。しかし、同時に人間は、そのような宿命にあらがい、自然という絶対に対抗しうる別の秩序を構築しようと企図するのであり、このような絶望的な努力を母胎として、時間と歴史が生まれる。陳はこのように考えている。

そして、日本軍による南京占領のさ中、陳は次のように日記に記すことになる。

われわれは、歴史上のあらゆる事件がそうであるように、いまこの南京という鼎が立ち昇らせている湯気の意味を徹底的に知ることは出来ないであろう。しかし、われわれは意志すれば、その意味を知るための質問者として、対話者の一方であることは出来るのである。英武（筆者注、陳の五歳の息子の名）が拾いあげたもみじの葉とS氏邸の水鳥やベンチの上の黄葉を想い出す。美を認知するだけでは足りぬ。

「美を認知するだけでは足りぬ」という言葉から、陳が時間あるいは歴史の問題に対して、美学的な姿勢で臨むことを明確に拒否していることがわかる。歴史の外にある絶対的な自然の側から見れば、人間の営みはすべて徒労にすぎない。そのような感覚はやがて、（たとえば無常観のような）美的感覚へと押し流されていく。しかし、南京事件に巻き込まれつつある陳にしてみれば、そのような詩美は、彼が目の前にする光景とはあまりにもかけ離れている。

また陳は、「この世の自然と人間に訣れようとしている、末期の眼にうつる景色は、透明な膜を通して見るように、すべてが濾過されて美しいという。」「けれども、理由なく殺されるものにとっては、魚のはらわたを通して見た風景は、荒涼としてまったく無意味だ」、とも語っている。このセリフに登場する「魚のはらわたを通して見た風景」とは、息のある間にクリークに投げ込まれた中国人が、死の間際に水の中から見た光景、というほどの意味である。死の淵にある人間が見た、そのような風景が美しかったわけがない、と彼は言っているのだ。

よく知られるように、ここで陳が語る「末期の眼」の美学とは、川端康成が『文芸』昭和八（一九三三）年一二月号に発表した「末期の眼」というエッセイに登場する言葉である。このエッセイについて堀田は『インドで考えたこと』(8)で次のように語っている。

あの思想（筆者注、「川端康成氏の『末期の眼』という文章に述べられている思想」を指す）は、弱年のころの私に（戦争中のことであった）、一切の努力は空しい、闘争も抵抗も空しい、この世にある醜悪さも美しさも、なにもかも同じだ、同じことだ、という、毒のようなものを注ぎ込んだ。ついで、数年前、ある座談会で私はあの思想は、『人類の敵』だというようなことを云い、同席した亀井勝一郎、三島由紀夫の両氏も、しぶしぶながら、であったらしいが、私のこの暴言を是として認めた。

この文章からも、陳の「末期の眼」に対する違和感が、堀田の川端に対する批判意識を下敷きにして記されていることはまちがいない。戦争や死を美的に昇華していく川端の「末期の眼」の思想は、実際に戦争に巻き込まれ、死を強いられた当事者の個人的体験そのものを置き去りにしている、堀田は陳の口を通じて、そう語っているわけである。

また、『歴史』(9)において堀田は、主人公の竜田の口を通じて「日本人の人生観、世界観、社会観」が根底から変わらなければ日本は中国に対する侵略をくりかえすことになる、「諸行無常は、上は支配者から下は奴隷まで、日本帝国主義の根本を支える思想ですよ」、と語っている。詩的、あるいは美的な人生態度は、歴史を消し去ってしまう。すべてが非歴史、つまり永遠に通じる美として了解されてしまう世界では、中国に対する日本のさまざまな侵略も暴力も、あるべき世界とのかかわりの中で反省的に思考されることなく、受けいれられていくことになる。「戦争というものは、戦場ではともかく」「後方では、こいつは甘美なものになりかねぬ化物ですよ」、と竜田が言うとおりである。詩的な人生態度においては、倫理的な姿勢や歴史に対する責任意識が完全に失効しており、だからこそ堀田は「人類の敵」と厳しく批判したのである。

このような堀田の美に対する懐疑的姿勢は、彼の文学に対する考え方とも通底している。堀田は『インドで考えたこと』(10)で、近代小説はあらゆるものを対象にしているが、『永遠』という奴だけは、直接、相手にしないという約束」の上に成立しており、「永遠」というような、時間の流れを失効してしまう非歴史的存在は「詩と宗教の方へ行ってもらっているもの」である、と語っている。ここで堀田は「詩」と「小説」をはっきり区別している。堀田にとって、「詩」は宗教と通じる非時間の世界、変化しない世界を開示するもの、永遠に通じるものであり、「小説」とは限定された時間を対象とするもの、変化を対象とし、その変化を時間として開示するものであった。

歴史と実存

しかし、同時に陳は紫金山の美に打たれた体験をいまだ忘れることができないでいる。この作品において陳の内面は、「詩」や永遠へのあこがれと、「小説」的な姿勢との振幅として描かれている。

たとえば、作品中、陳は南京で次々と発生する虐殺や強姦を目の前にして、次のように日記に記している。

わたしは、この地上に、樹木や草の花などがあるということ自体、呪わしく思っている自分を発見してときに驚くことがある。そんならどんな自然がいまのわたしには望ましいか、ふさわしいか。樹木も艸も一本もない。岩石と金属だけの、荒涼として硬度の高い自然、そういうものが望ましい。時間によって、すべてが、一切が変転するということが、いまのわたしには何か堪えられない気がするのだ。（中略）神の愛がもしあるならば、ねがわくはわたしの冥府は、岩石色の岩石に、処々、紫金の鉱石の光るところ、天国でも地獄でもどちらでもいい、そんな風な、微光のなかの大理石的世界であってほしい。艸や樹などがもしゃもしゃむんむんと生い茂っているところであってほしくない。

この文章において陳は、あきらかに「詩」や永遠へのあこがれに身を委ねようとしている。殺人や略奪、強姦が目の前でくりかえされる中で、直視するに耐ええない陳は、空想の領域において、時間の外部に自己を定位しようとするわけである。紫金山が象徴する、「史前」も「史後」も変わらないような「永遠」に通じる「自然」に、自分の立ち位置を求めた場合、あらゆる生命が生々流転をくりかえす現実世界は、自分とは直接的にかかわらないものとなる。その時、南京でくりひろげられる無数の殺人、略奪、強姦もまた、「一切が流転する」時間の一断面として、つまり美として眺めることが可能になる。

しかし、振幅をくりかえしながらも陳はやがて、時間の内部に自己を定位し、積極的に歴史にかかわっていこうとする。「詩」的な生き方と「小説」的な生き方のはざまで宙づりになりながらも、陳は時間の中に自分の生を位置づける「小説」的な生き方を選択する形で、自らの人生態度を確立していくわけである。陳は、「一切の人間的規範を踏みにじった、嗜虐症的な行為が起ったのも仕方がない」「などといううしろ向きの予言者」「の云うことなど信じてはならぬ」、と語っている。ここで彼はあきらかに、目の前でくりひろげられる殺戮を、宿命論っまり詩的抒情として理解することを拒否している。

では、傍観者としてではなく、時間軸上に自分の生存を定位し、歴史に参画する形で目の前の現実にむきあうとは、どういう態度を意味するのか。たとえば、下関で何百もの死体が転がっているのを聞いた陳は、「死んだのは、そしてこれからまだまだ死ぬのは、何万人ではない、一人一人が死んだのだ。一人一人の死が、何万人にのぼったのだ。何万と一人一人。この二つの数え方のあいだには、戦争と平和ほどの差異が、新聞記事と文学ほどの差がある……」、と思索をめぐらしている。意外に聞こえるかもしれないが、ここまでの考察を踏まえるならば、この文章に登場する「新聞記事」という言葉は、堀田が言うところの「詩」と対応している。死者の数を数値で表象するという行為は、傍観者として、現実に対して距離を置いて眺めている点で、永遠を立脚点とする詩的な人生態度と同じである。当事者として現実に向き合うとは、殺された一人ひとりの人生そのものに寄りそい、個々人の交換不可能で一回的な生存が奪われたことを直観し、事件の本質を理解することを意味する。

このような陳の歴史に対する姿勢は、次の文章にもうかがうことができる。

〈神を信ずるか、歴史を信ずるか。神と歴史と…歴史がもし『過程』にすぎないものならば、歴史はニヒリズムをもたらす元兇である。しかし神を知らないものは、歴史のなか以外に、生きる場所を持たない）—歴史、歴史というが、このわたし、あるいはこのわたしを含むもの以外の、いったい何が歴史であるか。

西洋的な唯一神を視点とするならば、歴史とは最後の審判にむかって一直線に伸びるプロセスであることになる。だが、神の不在を前提とするならば、歴史は意味も目的もない生々流転の過程にすぎない。ところが、陳から見れば、どちらの歴史認識も、時間の外部、超越的な視点から、地上の現実を眺めている点で、ほとんど同じである。陳にとって大切なのは、時間の中で翻弄され生存を脅かされる個々の人間であり、そのような人間によって感受され、了解された歴史の姿である。そして、「わたしにとって事実を認めるとは、既成事実をより一層かためるために協力することではない。その事実を変えようと意志することだ。変えようとする権利がわたしにはある筈だ」という言葉からもわかるように、南京における無数の殺人、略奪、強姦を目の前にする陳にとって、歴史を認識することとは、私を翻弄し脅かす目の前の現実を変えようと企図することを、同時に意味していた。

『インドで考えたこと』(11)で堀田は、「われわれの無常観」は「歴史を否定し、人間のつみかさねてきた歴史を、『歴史』としてではなく」「単色の背景と化してしまう」、「歴史とは、虚無との人間の戦いである」と語り、サルトルの「即時存在は永遠に余計なものである」という言葉を引用している。

この言葉はサルトルの『存在と無』[12]「緒論Ⅵ　即自存在」の章に登場する。ここでサルトルはまず、即自存在は「対自」や「意識」と対立する、と論じている。即自存在とは「それがあるところのものである」という存在の形式だが、「意識」は「あるところのものであるべきである」（傍点筆者）という「意識」としてである。即自存在は時間性から逃れて絶えずそれ自体であることが肯定されており、生成や変化があっても、瞬間瞬間にあって、無規定的にそれ自体が肯定される。それゆえ、即時存在においては、「そうあるべきである」とか「そうあるべきではない」というような、他とのかかわりの中で生成される「意識」が生じようがない。変化がまさにそのようなものとして意識されるのは「意識」においてであり、この意味において「意識」は「時間的」であると言える。「可能的なもの」、つまり、そうあるべきであるものは、他のものとのかかわり（「対自」）から生成される「意識」において生成される。

堀田が引用したサルトルの「即自存在は永遠に余計なものである」という命題は、このような文脈の中で登場している。時間の外部で、あるがままの存在をそのままに肯定してしまう即自存在は、創造や存在理由とは無縁であり、その意味において余計なものであるほかない、これがこの言葉の意味である。

堀田が言及したサルトルの言葉に引きつけるならば、全的肯定を本質とする即自存在こそが、川端の「末期の眼」や、時間の外部にあこがれる詩的態度と通底していることになる。陳もまた当初はこのような姿勢をもって歴史にむきあおうとしていたわけだが、南京事件に巻き込まれていく中で、いま―ここに存在する自己を意識することになり（対自存在としての自己に覚醒することになり）、そのような自己を視点として、目の前の現実を眺め、その変革を企図して、諜報員として抗日活動に参加する形で投企（アンガージュ）していくことになった。

南京事件を目の前にすることで陳は、現実を変更するために、あるべき私に向かって投企することが、歴史を認識することである、という生き方を獲得することになったのである。

アンガージュの輻輳性

ところで堀田善衛は昭和二〇（一九四五）年から四六年までの二年間、上海で暮らしている。中国に渡ったのは戦争の末期で「痛切にアジアのことを知らねばならぬと考えて」、「二度とふたたび日本へ帰れなくなってもかまわぬほどの思い詰めた気持ち」で、中国に渡ったという。[13]

昭和二〇（一九四五）年の春、堀田は武田泰淳とともに南京の草野心平邸に寄宿しながら南京の街を見て回っているのだが、そのとき、堀田は南京城の城壁で目にした紫金山の岩肌の美しさに心を打たれ、「いつかこの美しさを書いてみたい」と考え、『時間』という作品となった、と前掲『上海にて』[14]で語っている。同様の回想は堀田のエッセイ『時間』[15]でも語られており、ここで彼は紫金山の「観念的な美」に打たれ、「この硬質で、鉱物的な美を、なんとか書いてみたい」と思い『時間』を執筆した、と記している。

このような堀田の南京体験をもとにしているのが、物語の冒頭近くに登場する次のエピソードである。

城外にそびえたつ紫金山を眺めたとき、背筋に冷いものが、さ、と走った。晩秋の、黄金の夕陽に照らし出された、この、樹木のない、険阻な岩山が、真に紫と金の色に映えて王者のように、そして人間の哀歓を疎外した歴史そのもののように、江南曠野の只中に存在しているのだ。わたしは、その凄切―と云おう―な美に事新しくうたれた。そして南京は敵手の手に落ちる、と確信した。しかもなお、またそれはいつの日にかわれわれの手に戻る、と確信した。

このような紫金山体験について、先ほど言及したエッセイ「『時間』[16]」には、「時が一九三七年十二月で、場所が南京ならば当然そこに、いわゆる日本軍による『南京大虐殺』が入って来る」、「胸に刻まれて九年たってもきえやらぬあの荘厳な紫金の美を描きつくすには、そういう残虐無類の現実が裏打ちとならなければならなかったのかもしれない」、と記されている。紫金山体験を描くために、実際に紫金山を体験した昭和二〇（一九四五）年から、南京事件が勃発した昭和一二（一九三七）年に時間設定を移した、と堀田は語っているわけである。

では、なぜ自然美を描くにあたって堀田は、南京事件といぅまがまがしい歴史的なエポックを必要としたのか。これまで見てきたように、紫金山に象徴される詩的世界は、戦争や虐殺という現実を超越的視点から眺める態度を含意するものであり、そうである以上、それは目の前にくりひろげられる一切の出来事を美的に昇華してしまうものであったはずである。南京事件を目の前にする陳にとっては、そのような詩的な人生態度は、歴史に修正を迫るべく投企するような実存的な生存様式の放棄でしかない。

とするならば、堀田が描こうとした紫金山の美は、この作品の主題を形成する陳英諦の人生態度から見れば、障害物でしかなくなってしまう。『時間』という作品が抱える難問はここにである。堀田善衛が『時間』を執筆するきっかけになった美的体験とは真逆の主題が、この作品では展開されている。

このような問題意識をもって、あらためてこの作品を眺めてみると、詩的な人生態度と実存主義的な生存様式、相矛盾するふたつの生のありように関して、堀田が抗日運動に挺身する陳の姿を描くことを通じて、止揚の道筋を探ろうと意図していたことに気づく。言い換えれば、詩的でありながら、なおかつ時間や歴史に対する責任意識や投企と連携しうる実存様式を、堀田は『時間』のなかで探り当てようとしている。

作品には、日本軍の情報を国民党政府に伝えるため地下室の無線機にむかう陳が、次のように内省する様子が描かれている。

深夜まったく孤独で無電機に向かい、黒い鍵を叩きながら、滑稽なほどに根源的なこと、つまり神とか永遠とか、また自然や生命や人間や愛や、それらの織りなす劇のことなどを考えねばならぬのだ。(中略) 危険な、瞬時に処理しなければ生命にかかわるような仕事をもつ人間こそ、叙情の永遠なる事柄についてはっきりした認識が必要なのだ。流動体や機械になるためには、思考を放棄することだけで充分なのだ。

ここで陳は、時間の外部に自分を定位するような詩的な人生態度の力を借りて、意志的に思考の放棄（即自存在）を実現しようとしている。歴史に対峙し抗日に挺身しているという「意識」を消失することが、実践のためには必要とされる、だからこそ、時間軸の中に定位された自己ではなく、歴史の外部にあるような永遠、あるいは詩的世界のなかにある自分を夢想しなければならない、そう陳は考えている。諜報という「生命にかかわるような仕事をもつ人間」が、その仕事に従事するためには、死への恐怖から逃れる必要がある。そのためには、空想の領域で自我を時間から解放しなければならない、「流動体」や「機械」になりきるために「思考を放棄」しなければならない。そのとき「叙情の永遠なる事柄についてはっきりした認識」が必要となる。宿命あるいは美として自らの生を詩的に受けいれる態度を持つことが、歴史にあらがう「機械」になりきるためには必要だと言うのだ。

サルトルは、人間は「未来のなかに自らを投企することを意識するものである」、と述べている。[17] サルトルの言う実存とは、目の前の現実に修正を迫り超越していくためにたえず新しい自分に向かって投企しつづけるような主体であることを意味している。即自から対自への運動それ自体、動態としての実践的主体の実現が、サルトルにとっての実存である。

一方、陳における実存様式、すなわち抗日運動への参加は、サルトルが語るアンガージュのような勇ましい倫理的実践とは、異なる面を有している。陳にとってアンガージュとは、発覚すれば即座に死が訪れるような恐怖ととなりあわせにある実践としてあり、そのような現実に耐え抜くためには、「思考を放棄」し、サルトルが否定した永遠的存在の力を借りて、空想の領域でみずからを歴史の外へと連れ出さなければならない。そこでは、自己を意識化する対自存在として生きるのとは正反対の生きかた、投企した先で「機械」になりきることが求められる。死ととなりあわせにある陳の投企にあっては、信仰や叙情の力を借りてでも、自己の意識化を完全に停止することが求められる。空想の領域においては時間外に自我を定位しつつ、現実領域においては、歴史にむかって修正をせまる。このような二重存在を生きることが、堀田が描き出したアンガージュの姿であった。現実逃避や責任放棄につながりかねない詩的な人生態度は、実践的主体にとっては、精神の領域において死の恐怖から自己を守るための緩衝帯にもなりうる。

ここに堀田が描こうとした、紫金山体験に通じる詩的な人生態度と、実存的な人生態度との止揚の位相を確認することができる。あるいは、サルトル的な実存主義にあっては対立しているはずの、即時と対自、無限と有限、信仰と実存が、融合し補完しあうかたちで時間に対峙し、歴史に対して修正を迫るような、堀田独自の実存様式を、ここに確認することができるのである。

注

（1）筑摩書房　昭和三四（一九五九）・七
（2）『極東国際軍事裁判速記録』第一巻　雄松堂書店　昭和四三（一九六八）・一
（3）（2）と同じ
（4）（2）と同じ
（5）（2）と同じ
（6）田中幸利・岩村三千夫共訳　讀賣新聞社　昭和二一（一九四六）・六
（7）「解題」『堀田善衛全集』3　筑摩書房　昭和四九（一九七四）・八
（8）岩波新書　昭和三二（一九五七）・一二
（9）新潮社　昭和二八（一九五三）・一一
（10）（8）と同じ
（11）（8）と同じ
（12）松浪信三郎訳　人文書院　昭和三五（一九六〇）・一一
（13）（8）と同じ

（14）（1）と同じ

（15）『朝日新聞』 昭和三七（一九六二）・一

（16）（15）と同じ

（17）伊吹武彦訳『実存主義とは何か』 人文書院 昭和三〇（一九五五）・七

Ⅵ　阿川弘之が語る開戦への道程

――『米内光政』と東京裁判史観の死角

はじめに

米内光政内閣で陸軍大臣を務めた畑俊六は、戦後、東京裁判をふり返って、「海軍は陸軍が支那大陸に於て満州事変より支那事変と独舞台に活躍するに嫉妬もあり、功名争ひもあり、十数年以来陸軍と対抗して莫大な予算をとり厖大なる艦隊を作り」、「偶々日米交渉が起り遂に此大戦争となり、此大艦隊を惜げ気もなく潰滅せしめて、戦后戦犯となると総てを陸軍におしつけて涼しい顔をしているとは誠に以て怪しからぬ次第である。東京裁判で陸軍のものが六名も極刑になつたのに、海軍は一人もないとは誠に妙なことゝいはねばならない」、と書き記している[1]。ここで畑は、東京裁判が陸軍にばかり戦争責任を押しつけ、海軍の責任をほとんど不問に付しているのではないかという、疑念と不満を書き記している。

たしかに東京裁判の判決を見ると、土肥原賢二、広田弘毅、板垣征四郎、木村兵太郎、松井石根、武藤章、東条英機の七人が絞首刑（この内、広田を除く六人はすべて陸軍軍人）、荒木貞夫、橋本欣五郎、平沼騏一郎、星野直樹、賀屋興宣、木戸幸一、小磯国昭、南次郎、岡敬純、大島浩、佐藤賢了、嶋田繁太郎、白鳥敏夫、鈴木貞一、梅津美治郎、そして畑俊六の一六名が終身刑、東郷茂徳が二〇年、重光葵が七年の禁固刑となっている。このうち陸軍の軍人は、土肥原、板垣、木村、松井、武藤、東郷、荒木、橋本、畑、小磯、南、大島、佐藤、鈴木、梅津の一五人、海軍の軍人は、岡、嶋田の二人、あとの八人は文官であった。戦争責任を問われた海軍軍人は、陸軍軍人よりも圧倒的に少なかったことはもちろんのこと、文官と比べてもその四分の一に過ぎなかった。今日から見てこの事実は畑俊六ならずともいささか奇異に感じる。

畑俊六は、昭和一五（一九四〇）年、米内内閣の陸軍大臣として入閣した陸軍軍人である。畑は最終的に辞表を提出し、米内内閣を総辞職へと追い込むことになる。このあたりの事情は、同年七月七日の木戸幸一日記に、「阿南次官来訪、左の如き要領の話ありたり。最近四五日の中に政変を見るに至るやも知れず。軍は世界情勢の急激なる変化に対応し万善を期しつつあるところ、米内々閣の性格は独伊との話合ひを為すには極めて不便にして、兎もすれば手遅れとなる虞あり、此の重大時期に対処する為めには内閣交迭（こうてつ）も不得止との決意をなせる次第なり(2)」、と記されている。この日記に登場する阿南とは、陸軍軍人の阿南惟幾である。阿南はのちに鈴木貫太郎内閣に陸軍大臣として入閣し、ポツダム宣言受諾をめぐって米内と激しく対立することになる。木戸日記は、その阿南が昭和一五年、米内内閣倒閣のため画策をしていたことを伝えている。

阿南は終戦後、すぐに割腹自殺しており東京裁判法廷に訴追されることはなかったが、米内内閣総辞職の直接のきっかけを作った畑は、終身刑の判決を受けることになった。一方、米内自身は戦犯として訴追されることもなく、それどころか、最後まで対米英戦争に反対した海軍穏健派の象徴的存在として、その優れた見識が今日でも高く評価されている。

その米内光政が軍人政治家として直面した大きな政治的課題のひとつが、日独伊三国同盟の問題であった。今日から見れば、同盟を締結するかどうかが、イギリス、アメリカとの全面戦争にいたる直接的な岐路であったとも言え、たとえば緒方竹虎は、「東京国際軍事裁判所で、被告が米内内閣倒閣に与ったか否かを、有罪無罪をきめる一つの目安にしたらしかった」、と語っている。(3) 緒方の指摘が、畑俊六の終身刑を踏まえたものであることはまちがいない。

戦争責任の大部分が陸軍にあったとする歴史認識は、戦後から今日まで、さまざまな場面でくりかえし語られてきた。たとえば、戦争末期、米内光政や井上成美の下で終戦工作に従事した高木惣吉の著作などがそれである。戦後、高木は戦史研究家に転じ、さまざまな文章を発表することになるのだが、高木の著作もまた基本的には、東京裁判史観を継承するものとなっており、強引に日本を戦争に引きずっていこうとする陸軍とそれに抵抗する海軍という構図の中で、アジア太平洋戦争にいたる道程が語られている。

文学の領域で言えば、米内光政、山本五十六、井上成美などの海軍提督を主人公とする、阿川弘之の作品群がそれにあたるだろう。たとえば、『米内光政』(4)の冒頭近くでは、「月月火水木金金」と歌われた海軍の精神主義を嫌っていた井上成美が海軍大学教員時代、学生に「百発百中の砲一門は能く百発一中の砲百門に対抗し得るか」という命題について議論させたエピソードが紹介されている。「百発百中の砲一門が百発一中の敵砲百門に対抗し得る」とは、日露戦争においてバルチック艦隊を壊滅させた連合艦隊司令長官、東郷平八郎の言葉であり、井上はこの言葉に合理主義を歪める精神主義のにおいを感じとり、激しく反発した。また、同書には、戦後、「井上さんは結局、リベラリストとして一生を貫かれたということになりますか」と聞かれた際に、井上が「いいえ。その上にラディカルという字がつきます」と答えたエピソード、時の総理大臣、近衛文麿に語った山本五十六の「是非ともやれと言われるなら、最初の一年や一年半は思う存分暴れて御覧に入れます」という言葉について、井上が「海軍は対米戦争やれません、やれば必ず負けます、それで聯合艦隊司令長官の資格が無いと言われるならば私は辞めます」となぜ言わなかったのか、と批判したエピソードが紹介されている。いずれにせよ、海軍の自由主義的で合理主義的な気質を伝える逸話である。そして同書ではこれら井上のエピソードをイントロダクションとして、彼が「同時代の提督のうちで無条件で一等大将と認めていた」米内光政の物語へと進み、日支事変や三国同盟に反対し、身を賭して日本を終戦へと導いていった姿が描かれていくことになる。専制的で精神主義的な陸軍とコントラストをなす形で、海軍穏健派の象徴的存在としての米内光政は、合理主義と自由主義の精神をもって、平和を希求し戦争を回避すべく絶望的な努力を続けた、一読すればほとんどの読者が、このような印象をいだくはずである。

しかし、海軍の戦争責任を不問に付す議論については、従来歴史学の領域において、しばしば修正の必要が主張されてきた。吉田裕[5]、纐纈厚[6]、笠原十九司[7]などの一連の論考がそれにあたる。

たとえば吉田裕は、東京裁判においてはアジアに対する戦争責任がとりあげられなかったわけではなく、とするならば、昭和天皇、宮中グループ、海軍など当時の「穏健派」もまたその責任を追求されるべきである、にもかかわらず、結局、不問に付され、Ａ級戦犯として有罪判決を受けた二五人にすべての責任が転嫁されることになった、と指摘している。(8)

あるいは、纐纈厚や笠原十九司は、東京裁判において陸軍にのみ戦争責任を押しつけたのは海軍による画策ではなかったか、と分析している。米内は戦後、国際検察局（ＩＰＳ）に向かって満州事変や日独伊三国同盟から太平洋戦争にいたるまでの責任は土肥原健二、板垣征四郎、武藤章らに代表される陸軍の強硬派にあったと供述しており、この事実をふまえて纐纈厚は、米内や岡田啓介など海軍出身の重臣が陸軍の戦争責任をくりかえし強調したことは、東京裁判の判決に大きな影響を与えた、と論じている。(9)

また、ＮＨＫスペシャル取材班による調査によれば、戦後、第二復員省（旧海軍省）にあって東京裁判の対応にあたった元海軍大佐、豊田隈雄の資料から、「陛下に累を及ぼさないために中央に責任がないことを明らかにしその責任を高くとも、現地司令官程度で止めるべし」というメモ書きが見つかっている。もともと海軍は東京裁判に際して、戦争犯罪をすべて現地の判断として処理していくつもりでいた。海軍省や軍令部などの中央と戦争犯罪との因果関係を断ち切っていくことによって、天皇の戦争責任へとつながる法律上の、あるいは組織上の回路をあらかじめ遮断しておく、というのが海軍の方針だったわけである。(10)

さらに豊田は、海軍軍令部に所属した元参謀たちを中心に戦後、行われた座談会、海軍反省会（第一二九回）においても、次のような証言を行っている。

ゆうべ私の東京裁判当時の綴りをめくったら、親密だったフェラーズ准将と米内大将の談話資料が出てきた。これ昭和二十一年三月六日のなんです。（中略）フェラーズ准将が、〝自分としては天皇制がどうなろうと、一向に構わないのだが、マックの協力者として占領を円滑ならしめつつある天皇が裁判に出されることは、本国におけるマックの立場を非常に不利にする。これが私のお願いの理由だ〟と。（中略）対策として〝天皇が何らの罪がないことを日本人側から立証してくれることが最も好都合である。そのためには近々始まる裁判は好都合である。東條に全責任を負担せしめるようにすることだ〟と、そういうふうにフェラーズがそこまで突っ込んだ話をしているんですね。それに対して米内さんが〝全く同感です〟と[11]

この記録についてはＮＨＫスペシャル取材班ばかりでなく、アカデミズムの領域においても、高橋万亀子[12]や吉田裕[13]によって、詳しい分析がなされている。そして、いずれの論考もまた、東京裁判において海軍が免責されたのは、占領統治を円滑に進めるために天皇を利用しようとしたGHQと、国体護持を画策する海軍の利害が一致する形で、戦争責任を陸軍に負わせようとした結果である、と指摘している。[14] 東京裁判における海軍の免責が政治的な思惑に起因する形で行われたことを示す決定的な証拠と言えるだろう。

さて、本章の目的は、阿川弘之の著作群、とくに『米内光政』と史実の間を往還しながら、東京裁判史観の死角を明らかにしていくところにある。これからくわしく論じていくことになるが、歴史的な事実と突き合わせていくとき、阿川の作品群は、東京裁判史観のプロパガンダとまではいかないまでも、事実を取捨選択し海軍の戦争責任を不問に付し、陸軍に一方的にその責を負わせようとしている点で、同裁判に同調する歴史認識を示している。阿川が何を伝えないかったか、と問うことは、東京裁判によって日本人に内面化された戦争責任について、その死角にスポットを当てることを意味する。

米内光政の中国認識

軍人政治家として、米内光政はその生涯において、三度、歴史上の大きな事件に直面している。まずは第一次近衛内閣の海軍大臣として入閣した際に勃発した盧溝橋事件、および日支事変。次に首相時代に反対の姿勢を貫き、結果として総辞職に追い込まれることになった三国同盟締結問題。そして第三は、戦争末期、小磯国昭との連立内閣、その後継内閣である鈴木貫太郎内閣でふたたび海軍大臣を勤めた際に直面したポツダム宣言受諾をめぐる問題である。

以下、これら三つの事件の内、海軍の戦争責任問題に直接かかわる、日支事変と三国同盟問題をとりあげて、阿川弘之『米内光政』に描かれた、海軍穏健派の姿を浮き彫りにしていく。

日支事変について記していくにあたって、阿川の『米内光政』では、米内が中国と深いかかわりがあったことがまず指摘されている。昭和三（一九二八）年末より、揚子江警備の砲艦部隊であった第一遣外艦隊司令長官の職にあった米内は、昭和八（一九三三）年一一月、佐世保鎮守府長官に出るまでおおよそ五年間、中国、朝鮮で勤務することになった。その間、米内は蒋介石とも二度会見しており、阿川によれば、この五年の間に「中華民国を見る米内の目は深くなった」という。

その上で、阿川は昭和八（一九三三）年七月に米内が記した「対支政策につき」という手記を紹介している。同手記において米内は、武力による中国の制圧を唱える主張を「強硬政策」、直接行使しないまでも中国を武力をもって威嚇しつづけることを「静観政策」と名づけ、どちらも誤りであると退けている。「支那を参らせるため叩きつけるということは、支那全土を征服して城下の盟をなさしめることならんも、恐らくは不可能のことなるべし。支那全土のバイタル・ポイントは一体何処にあるのか。北京か南京か、将た広東ないし漢口か長沙か重慶か成都か。斯く詮議して来ると、恐らくバイタル・ポイントの存在が怪しくなるらん」、というのが米内の対中国観であった。「バイタルポイント」とは、その地域を軍事的に占領すれば中国政府が降参するであろう中核的な地域、というほどの意味であろうが、米内は、中国はあまりにも広大であり、よって「バイタルポイント」など存在せず、もし中国と戦闘状態になった場合、終わりのない泥沼の戦争に足を踏み入れることになる、と考えていた。

そのような米内が昭和一二（一九三七）年、第一次近衛内閣の海軍大臣として直面したのが、盧溝橋事件に端を発する日支事変であった。阿川の『米内光政』では盧溝橋事件について、当時、海軍次官の職にあった山本五十六（のちの連合艦隊司令長官。アメリカと開戦するにあたって、ハワイ真珠湾を航空機によって奇襲する作戦を立案。昭和一八〈一九四三〉年、ブーゲンビル島上空で米軍機に襲われ戦死した）の、「陸軍の馬鹿がまた始めた。腹が立ってしょうがないから、これが片づくまで俺ア禁煙する。その代り、片づいたらけつから煙が出るほど喫んでやるんだ」という言葉が、まず紹介される。中国における利権拡大をめざす陸軍の策謀によって、盧溝橋事件が発生したという認識が海軍側にあったこと、しかも、海軍穏健派はそのような陸軍の暴走に対して深い憤りをいだいていたことを伝えるエピソードである。そして、阿川は「とにかくこの戦火を拡げたら厄介なことになるというのが、米内と山本の共通した認識であった」と記した上で、次のような米内の手記を紹介している。

昭和十二年七月七日、盧溝橋事件突発す。九日、閣議において陸軍大臣より種々意見を開陳して出兵を提議す。海軍大臣これに反対して、成るべく事件を拡大せず、速やかに局地的にこれが解決を図るべきを主張す。（中略）五相会議においては諸般の情勢を考慮し、出兵に同意を表せざりしも、陸軍大臣は五千五百の平津軍と、平津地方における我居留民を皆殺しにするに忍びずとて、強って出兵を懇願したるにより、渋々ながら之に同意せり。（中略）陸軍大臣は出兵の声明のみにて問題は直ちに解決すべきと思考したるが如きも、海軍大臣は諸般の情勢を観察し、陸軍の出兵は全面的対支作戦の動機となるべきを懸念し、再三和平解決の促進を要望せり盧溝橋事件をきっかけに日中間の軍事衝突が全面戦争にまで拡大していくことを恐れた米内が、陸軍出兵に再三反対していること、居留民保護の観点から出兵をしぶしぶ認めたものの、それでもなお事変拡大の危惧をぬぐえずにいたことを示す文章である。

さらに阿川は、盧溝橋事件の対応をめぐる陸軍大臣と海軍大臣の意見の対立について、興味深い事実を指摘している。当時、陸軍大臣の職にあった杉山元は陸軍の要職ばかりを勤めてきた将軍であり、中国の内情をまったく理解していなかった。しかし、米内はあしかけ五年、大陸で勤務しており、その内の三年は中国で過ごしていた。つまり、盧溝橋事件の当事者、陸軍のトップであった杉山よりも、米内の方が中国の事情に通じていた。作品ではその米内が、盧溝橋事件をきっかけに戦火が中国各地に広がっていく様子を見ながら、専任副官の近藤泰一郎に、「君、揚子江の水は一本の棒ぐいでは食いとめられやせんよ」、と語ったエピソードが紹介されている。ここには昭和八（一九三三）年、「対支政策につき」を記したのと同じ米内がいる。中国の事情に通じていた米内はかなり早い段階から、日中間の軍事衝突が全面戦争に発展していくことを憂慮していた。

そして、結局、事変は上海に飛び火し、米内が危惧したように、日本は中国との全面戦争に突入するわけだが、作品にはその様子が「この時上海では、米内より二期下の長谷川清中将が支那方面海軍部隊の最高指揮官として、第三艦隊の旗艦出雲に将旗を上げていた。北支事変といっていたのが、八月に入ると上海に飛び火し、海軍も否応なしに戦いの一角に加わることになって、八月十四日、世界を驚かせた海軍航空部隊（九六陸攻隊）渡洋爆撃が行われる」、と記されている。かなりあっさりした説明のような印象を受けるのだが、阿川がこれだけで済ましてしまった、つまり説明せずに割愛してしまった、日支事変をめぐるさまざまな史実の中には、米内の根本的な評価にかかわる重大な出来事が存在している。

阿川は言及していないが、西園寺公望の秘書を務めた貴族院議員、原田熊雄は近衛文麿から聞いた話として、「十三日の晩は臨時閣議であつて、夜中の一時五十分までかゝつた。後から近衛総理にきいた話によると、「海軍大臣が非常に興奮して賀屋大蔵大臣を怒鳴りつけ、財政上の説明なんかはほとんどきかなかった。結局声明書を出すことになり、その声明書を外務大臣が多少字句を直したりして、漸く一時五十分頃済んだ」とのことだつた」、と伝えている。(15)

また、当時、軍令部次長の職にあった嶋田繁太郎は、昭和一二（一九三七）年八月一四日の日記に、八月一四日午後一〇時三〇分から一五日午前一時まで行われた閣議（「十四日10―30Ｐヨリ十五日１ｈＡ」と会議の日付と行われた時間が記されている）の様子を、次のように記している。

海相ヨリ上海ノ事態ヲ説明シ、斯クナル上ハ事態不拡大主義ハ消滅シ、北支事変ハ日支事変トナリタリシトシ、三省当局ニテ立案シアリシ政府声明ニ手ヲ入レ可決。外相広田ハ依然不拡大ノ考ヲ述ヘ、声明モ必要ナシト述ヘ、海相之ヲ論駁シ、外相ヨリ国防方針ヲ承リ度ト云ヒ、海相ハ国防方針ハ当面ノ敵ヲ速ニ撃滅スルニ在リト。蔵相ハ経費ノ点ヨリ渋リアリタリ。海相ヨリ陸相ヘ日支全面作戦トナリシ上ハ南京ヲ打ツガ当然ナリ、兵力行使上ノコトハアランモ主義トシテ斯クアラズヤト云ヒ、陸相ハ参謀本部ト良ク話スヘキモ、対蘇ノ考慮モアリ多数兵力ハ用ヒ得ス、実施シ得サルコトハ主義トシテモ認メ得ズト(16)

原田の伝えるところによれば閣議は八月一三日の晩、嶋田の備忘録によれば一四日の晩となり、どちらかが日付を一日、誤っていることになるわけだが、いずれにせよ、閣議において米内が中国に対する強硬な態度をとるよう求めたのは事実のようである。嶋田の備忘録によれば、閣議においては外務大臣、広田弘毅がなお不拡大をとなえ、大蔵大臣、賀屋興宣もまた財政の観点から不拡大をとなえながらも、米内は大蔵大臣をどなりつけながら、不拡大方針の破棄と中国との全面戦争への方針転換を主張してゆずらず、当時の国民党政府の首都であった南京の占領をめざすべきことをとなえた。海軍軍令部の中心的人物によって直接、書きとめられた文章だけに、その信憑性は高い。

じつは海軍の戦争責任を問おうとする論考の多くは、このエピソードに注目し、アジア太平洋戦争において海軍が積極的役割を果たしたことを強調するものになっている。たとえば、池田清は昭和一二（一九三七）年八月九日に発生した大山事件が、米内の発言の背景にあることを指摘している。「八月九日、大山勇夫海軍中尉、斉藤一等水兵が、上海で中国法安隊員に殺害されるという事件が突発したとき、海軍中央部はしぶる陸軍をむしろ逆に引きずって上海に出兵させた」というのである。(17) 海軍将校の殺害に我を忘れた海軍、あるいは米内が、日本を中国との全面戦争にまで引きずっていったというのが論の主旨であろうが、史実に照らしてみれば、池田の指摘が誤りであることはまちがいない。

大山事件発生の翌日、八月一〇日に、海軍次官、軍令部次長連名で第三艦隊司令長官に発せられた文書には、事件に関する現地での対応について、「目下外交交渉進行中ニシテ最モ慎重ヲ要スル時機ニテモアリ、旁事態ノ解決ハ究極ハ武力ニ依ルノ外ナキニ至ルトスルモ、陸軍ノ派遣ニハ相当ノ時日ヲ要スルノミナラス、我カ方ヨリ攻撃ヲ開始セサル限リ支那側ヨリ攻撃セサル中央政府ノ意向ナル旨ノ特情報モアル次第ナルヲ考慮シ、大山中尉射殺事件ニ対スル当面ノ処置ハ先ツ真相ヲ糾明スル等必要ナル外交的措置ヲ執ルコトトシ、可及的事態急速破局ニ導カシメサル様致シ度」[18]、と記されている。八月一〇日の段階において海軍中央部は、開戦は不可避と判断しつつも、大山事件については、抑制的に対応するよう現地部隊に指示していた。大山事件をきっかけに海軍が暴走をはじめたわけではない。

また、川田稔[19]、相澤淳[20]は国民党航空部隊による第三艦隊空爆に、海軍の不拡大方針破棄の原因を求めている。たとえば相澤は、昭和一二（一九三七）年八月一四日の、中国空軍による上海の第三艦隊旗艦「出雲」や陸戦隊本部、総領事館爆撃をきっかけに、海軍の中の不拡大主義が消滅し、中国膺懲のための積極論が全面に躍り出ることになった、「この中国軍の爆撃に対して、何より米内自身非常な怒りを示していた。」「八月一四日の空軍の攻撃は」日本海軍にとって「中国中央政権の意図をはっきりと示す攻撃だった」、と論じている。

しかし、このような分析も事件の推移を時系列に照らしてみると、かならずしもそうとは言い切れないところがある。まず、原田の『西園寺公と政局』にしたがうならば、米内が閣議において不拡大方針の破棄を主張したのは一三日の晩から一四日の午前二時ごろとなる。一方、中国空軍による空爆は一四日の午前一〇時ごろからはじまっている。時系列に並べてみると、国民党軍による空爆よりも米内の発言の方が一〇時間程度早かったことになる。

また、嶋田の備忘録を信じるならば、米内が閣議で不拡大方針の破棄をせまったのが、一四日の晩ということになる。とするならば、中国空軍による空爆がはじまった後ということになるわけだが、しかし、一二日の晩にはすでに昭和天皇に対して上海への陸軍派兵を上奏しており（この点についてはのちに詳しく述べる）、一三日には上海郊外で国民党軍と日本海軍陸戦隊の戦闘がはじまっている。中国空軍の空爆をきっかけに突然、米内が強硬に転じたわけではない。少なくとも一二日、天皇に陸軍派兵を上奏した段階で、すでに米内は不拡大方針を放棄してしまっている。

日支事変への道程

ではどのようなプロセスを経て、最終的に米内は不拡大方針を破棄するにいたったのか。嶋田繁太郎および蒋介石の日記を基軸に、盧溝橋事件が上海に飛び火し、日支事変にまで拡大していくプロセスを、日中両方の視点からあらためて確認していくことにしよう。

まず、蒋介石の日記を見てみると、蒋は、盧溝橋事件の発生・経過の報告を昭和一二（一九三七）年七月八日、廬山で秦徳純らから受け、その日の日記に「倭寇（日本軍）は盧溝橋で挑発に出た。日本はわれわれの準備が未完成の時に乗じて、われわれを屈服させようというのだろうか？」、「日本が挑戦してきた以上、いまや応戦を決意すべき時であろう」、と記している。[21]蒋介石にとっては、盧溝橋事件の勃発が、日本との全面戦争を決心するきっかけになったことがわかる。

対日戦への決断を蒋介石が公式に表明したのは七月一九日の有名な「最後の関頭演説」、すなわち「盧溝橋事変にたいする厳正表示」においてである。これは一七日、廬山で開かれた談話会における蒋介石の演説、「日本にたいする一貫した方針と立場」を中一日おいて発表したものであり、ここで蒋は「われわれは一個の弱国であっても、もし〝最後の関頭〟に到ったならば、全民族の生命をなげうってでも、国家の生存を求めるだけである」、「万一、真に避けることのできない、〝最後の関頭〟に達したならば、われわれは当然、ただ犠牲あるのみ、ただ抗戦あるのみである」、と語っている。[22]

しかし、加藤陽子によれば「最後の関頭」演説以降も蒋介石は日本との全面戦争にふみきるかどうか迷っていたようであり、二二日の日記には、和平が最上の策であるとも書き、二七日、日本政府が三個師団増派の閣議決定を行うと、蒋は「一面交渉、一面抵抗を国策」とする、とも日記に記している。[23] 盧溝橋事件発生をきっかけに日本との全面戦争を決断しながらも、ときに戦争回避へと傾斜していく蒋介石の「ゆれ」を、ここに確認することができる。

一方、日本海軍の側であるが、陸軍が現地での解決を企図していた一方、米内は昭和一二(一九三七)年七月一一日の段階ですでに中国との全面戦争を想定していた。当日の嶋田日記には、閣議において「海相ヨリ海軍ハ全面的対支作戦ニナル考ニテ準備シ、陸軍・外務ト連絡シ成ルヘク彼ヲ刺激セサル様ニ行フ」、と説明があったことが記されている。[24] 米内は、戦争回避のため中国側をなるべく刺激しないよう留意しながらも、全面戦争は避けられないと考えていた。

このような米内の判断の根拠と考えられるのが、国民党政府による停戦協定侵犯である。昭和七(一九三二)年の第一次上海事変の際に結ばれた上海事変停戦協定に違反して、国民党政府は、昭和一一(一九三六)年末ごろから「『保安隊』と称する中央軍を非武装地帯に進入させ陣地を構築していた[25]」。つまり、上海においては昭和一一(一九三六)年の段階からすでに日中間の軍事的緊張がはじまっており、盧溝橋事件はこの緊張を一層深刻なものにすると、米内および海軍中央部は判断したわけである。

日中の全面的な軍事衝突を不可避とする観測は、上海にあって居留民保護の任務に従事していた第三艦隊司令長官、長谷川清によっても共有されていた。昭和一二（一九三七）年七月一六日、「対支作戦用兵ニ関スル第三艦隊司令長官（筆者注、長谷川清中将）ノ意見具申」において長谷川は、「作戦指導方針」に関し「支那第二十九軍ノ膺懲ナル第一目的ヲ削除シ、支那膺懲ナル第二目的ヲ作戦ノ単一目的トシテ指導セラルルヲ要ス」、と記している。現地部隊との衝突に戦闘を限定するというのは、たとえ現地にあって軍事的に衝突したとしても、国民党政府とは友好関係を保っていくことを意味しており、逆から言えば、これを放棄するとは国民党政府との全面対決を意味していた。また長谷川はその理由として、「武力ヲ以テ日支関係ノ現状打開ヲ策スルニハ支那膺懲即チ現支那中央政府ノ屈服以外ニ途ナシ」、と語っている。「膺懲」とは懲らしめるというほどの意味であるが、この時期の中国に対する施策を論じた日本側の文書や記事に、しばしば登場する言葉である。語感としては、短期間において中国を軍事的に圧倒し、日本に有利な形で講和を結ぶ、というほどの意味を含意している。また、「用兵の方針」

について は、「支那ノ使命ヲ制スル為ニハ上海及南京ヲ制スルヲ以テ最要」とするがゆえに、「中支作戦ハ上海確保及南京攻略ニ必要ナル兵力ヲ以テスルヲ要ス」、と長谷川は語っている。(26) これらの内容が、八月一三日深夜の閣議における米内の主張とほぼ一致していることは言うまでもない。

あるいは、この時期、和戦両構えの姿勢をとりながらも、米内が中国との戦争を回避するのか全面戦争を決意するのか、方針を明確にするよう政府に迫っていたエピソードもまた存在する。七月一六日の閣議後、「海、陸、外、内居残リタル席上海軍大臣ヨリ、斯クグズ々長引キテハ支那ノ準備モ出来、列強ノ中介(ママ)等モ生ジ面白カラズ、何トカ方法ナキヤ、例ヘハ期限付ニテ約定ノ実行ヲ迫ルカ如キコトハ如何」、と語ったという記録がそれである。(27) この時期、居留民保護のために日本海軍は上海におよそ五〇〇〇名の陸戦部隊を展開していたが、中国軍は中央直系軍約三万人、その他二万人に達していた。(28) 米内が和戦いずれかに方針を固めるべく政府にせまったのは、このような上海の緊迫した情況を憂慮していたからであろう。また七月二〇日の閣議で米内は、全面的な軍事衝突を回避するため中国側を刺激するような軍事行動はつつしむべきことを承知しながらも、「局地的出兵トシ成ルヘク作戦ヲ局限スルヲ可トスルモ、中南支ニ波及ヲ免レズ。上海、青島ハ現地保護トスルモ、海軍兵力ノミニテハ保護ハ行ヒ難ク、陸軍ノ出兵ヲ必要トス」と主張し、陸軍から出兵の約束をとりつけている。(29) これもおそらくは、上海における国民党軍の圧倒的な軍事的優勢を承知していたがゆえの言動であったと考えられる。

そして、日本政府は昭和一二（一九三七）年七月二八日、揚子江沿岸在留邦人約二万九二三〇名の引き上げを訓令（上海においては八月六日租界への退避を指示）、八月九日までに完了することになる。(30) 加えてもともと上海に居留していた日本人が三万人おり、合計六万人の日本人居留民を、五〇〇〇名の海軍陸戦隊が、五万人の国民党軍から保護するという情況が、この時期に形成されつつあった。このような経緯から考えて、日本政府および海軍が、平和的解決の道を模索しつつも、もう一方で中国との全面衝突の覚悟を固めたのは、米内が陸兵派遣の約束をとりつけた七月二〇日から、政府が揚子江沿岸の居留民の引き上げを指示した二八日あたりであったろうと推測される。

つけくわえれば、七月二八日、軍令部次長（嶋田繁太郎）から第一、三艦隊に発せられた「当面ノ作戦指示」には、「揚子江流域居留民ノ引揚並ニ漢口陸戦隊及揚子江配備艦船ノ上海方面ヘ引揚概ネ完了ノ時期迄ハ為シ得ル限リ支那側ヲ刺激スルコトヲ避ケシメラルル意嚮ナルヲ以テ右当面ノ任務遂行上必要欠クヘカラサル兵力ヲ除クノ外特ニ情況変化ナキ限リ成ルヘク兵力移動増勢等ヲ行フコトナク爾余ノ増援部隊ハ概ネ現状ニ準ジ適宜九州方面ニ待機訓練ニ従事セシメラルルコトニ取計ハレ度但シ」[31]、と記されている。居留民の保護は海軍陸戦隊だけでは不可能であり、とにかく陸軍部隊の到着までは中国を刺激することをさけるため、部隊の移動すら禁止するというのが、命令の内容であった。逆から言えば、この文書は、準備が整い次第、(中国との全面的な軍事衝突にいたる可能性が高いことを承知しつつ）陸軍部隊を上海に送り込むことが、海軍の方針となりつつあったことを意味している。

一方の中国であるが、蒋介石は昭和一二（一九三七）年七月三一日の段階になって、「抗戦中の全軍兵士に告げる書」を発表し、日本との全面戦争に突き進む決意を、はっきりと示している。ここで蒋介石は「すでに和平は絶望となった。ただ最後まで抗戦あるのみである。死をかけて倭寇（日本軍閥）と戦わなければならない。われわれは革命に身を投げ出した黄帝の子孫である。全力をあげて敵を殺し、万悪尽きない倭寇を駆逐せよ」、と中国国民に呼びかけている。[32]

そして、日本側も八月一〇日頃になると戦争準備として、戦端が開かれることになった際の大義名分を探しはじめることになる。一〇日の嶋田日記には、「上海ハ支那側カ停戦協定ヲ無視シテ「トーチカ」其他ノ軍事施設ヲ行ヒ兵力ヲ増加シアリ、此侭ニテ事態収ラバ此等軍事施設ハ公認セラレタルモノトシ、居留地ノ周囲ニ之ヲ行ヒ居留民ハ不安ニ脅へ、且海軍ト市政府トハ敵視ヲ続ルコトトナル、故ニ速ニ此等停戦協定違反事項ハ之ヲ是正セシムルノ要アリ。停戦協定遵守ヲ容認セサレハ兵力行使止ムヲ得サルヘシ」、という記述が見られる。(33) 翌一一日には軍令部総長、伏見宮が米内に対して「上海ノ事態急迫シ支那ハ停戦協定ヲ蹂躙シテ軍事施設ヲ着々行ヒ兵力増強シ、居留民ハ不安ニ脅ヘアリ、之ニ対シ時機ヲ遅レサル様ニ居留民保護ノ為ニ陸軍ヲ派兵ヲ必要トシ、今ヤ其ノ時機ニ達シ居ルモノト認ム」と申し入れ、それに対して米内は「支那ニテ停戦協定蹂躙ノ事実ヲ確カメ、名分ヲ立テヽ派兵ノコトニ致ス」、と返答している。(34) 列強の利害が複雑に交錯する上海において戦端を開く以上は大義名分が必要であり、軍事力を行使することで上海における利権の拡大を企図するような野心がないことを内外に示す必要があった。その大義名分を軍令部と米内は国民党軍による停戦協定違反にもとめたわけである。

事態が急変するのは八月一二日である。午後五時三七分に第三艦隊司令長官、長谷川清より「緊急電ニテ『陸軍出兵ノ促進』」の要請があり、「情況急迫」と判断し、午後九時には首相邸に海軍大臣、陸軍大臣、外務大臣が集まり、「海相ヨリ上海ノ情況ヲ報告シ陸軍派兵ヲ提議シ、各相止ムヲ得ストシテ内定シ」、翌一三日の閣議で正式に決定することになった。そして、一二日の午後一〇時三〇分には天皇に内奏。第三艦隊司令長官に「奉勅命令」（天皇から軍に出される命令）が出ている。その際に天皇は侍従武官に、「モウコウナツタラ止ムヲ得ンダラウナ、軍令部モソウ思ツテヤツテルノダラウ、斯クナリテハ外交ニテ収ルコトハムヅカシイ」、と語ったという。[35]

一方、蔣介石は午前〇時を回り日付が一三日に変わった深夜、「張治中にたいし、総攻撃を指令」し、一三日の朝に上海の日本軍に対し砲撃を開始、そして日中は全面衝突に突入するわけだが[36]、このような経過をふまえれば、八月一二日に長谷川が打電した陸軍出兵を要請する緊急電報が、国民党側が近々、軍事行動を起こす確かな情報を伝えるものであったことが推測される。すくなくとも、長谷川からの情報に接することで、米内だけでなく昭和天皇もまた、事態がここまで深刻になれば軍事衝突は回避できない、と判断している。

また、一二日の段階で軍令部総長、伏見宮から第三艦隊に発信された命令書には「第三艦隊司令長官ハ敵攻撃シ来ラハ上海居留民保護ニ必要ナル地域ヲ確保スルト共ニ機ヲ失セス航空兵力ヲ撃破スヘシ」、「兵力ノ進出ニ関スル制限ヲ解除ス」、とも記されている。[37] 事態の緊迫した状況をふまえて、一二日の段階ですでに軍令部は、上海の第三艦隊に対して、中国側からの攻撃があった場合の反撃、居留民保護のための占領、空爆、必要と判断される地域への進出などの軍事行動を許可する命令を発していたわけである。

さらに興味深いのは日中の戦端がいまだ開かれていなかった一二日の段階で、すでに南京のアメリカ、イギリス、フランス、ドイツ大使館から、上海における日本と中国の戦争を避けるよう申し入れがあった事実である。それに対し日本側は「支那側ニシテ停戦協定確守ヲ基礎条件トシ差当リ正規軍及武装保安隊ヲ戦闘距離外ニ撤去シ軍事施設ヲ解毀セハ我ハ陸戦隊ノ配備ヲ常態トスルニ同意ス」、と回答している。[38] このエピソードは、第三国から見ても一二日の段階ですでに、日中の衝突が不可避なまでに上海の軍事的緊張が高まっていたことを伝えている。

米内の開戦責任

そして、原田熊雄によれば翌一三日の閣議の場で、あるいは、嶋田の備忘録によれば一四日の閣議で、正式に上海出兵を決定しようとした際、米内はそれに異をとなえた外務大臣、大蔵大臣をどなりつけ、不拡大方針はすでに破棄された、北支事変は日支事変となったとし、南京占領を主張することになる。このことは先ほど確認したとおりである。このエピソードを根拠にする形で、従来の研究においては、繰り返し、米内は事変の拡大を望まなかった政府と陸軍の反対を押し切る形で、日本政府を無理矢理、中国との全面戦争に引きずっていったと、指摘されてきた。

しかしこのような議論は、盧溝橋事件から日支事変にいたる経緯をつぶさに確認していくとき、いささか無理がある。一二日の段階ですでに上海の様子は昭和天皇に対して上奏されており、天皇もこれに理解を示し、同日中に現地の第三艦隊に奉勅命令が出され、軍令部からも中国側の攻撃があった場合は反撃してもよい、と戦闘開始の許可が与えられていた。一二日の首相、外務大臣、陸海軍大臣の会議、および天皇への上奏は、事態の急変にともなう緊急対応であり、一三（または一四）日の閣議は形式的に内閣の承認を得るために招集されたものであったわけである。実際、一三日の朝からすでに国民党軍による攻撃がはじまっており（日本人居留民を守る日本海軍陸戦隊と国民党軍が、上海市街で交戦状態に入っており）、すでに戦闘がはじまった後の閣議で陸兵派遣に反対する議論がはじまったことは、米内にとっては上海の緊迫状態とはかけ離れたものであったはずである。いずれにせよ、拡大に反対する外務大臣や大蔵大臣を、米内が強引にねじ伏せて強引に戦争に引きずっていったという指摘は、史実に反する。

そして、第二に言えることは、そもそももう一方の当事者である蒋介石が、遅くとも七月三一日の段階ですでに日本との全面戦争の決意を固めていた事実である。そうである以上、たとえ、米内が中国との戦争を回避しようと努力したところで、あるいは、かりに外務大臣や大蔵大臣が米内を押え込んだところで、戦争回避は不可能であった。今日から見れば日本政府の不拡大方針はどの道、頓挫するほかなかった。

しかし、この段階にあってもひとつだけ戦争を回避する方法があった。それは上海から日本軍も日本人居留民もすべて引き上げることである。実際、この時期、陸軍参謀本部作戦部長の職にあった石原莞爾は、ソ連への防衛が手薄になるという理由で上海派兵に徹底して反対しており、「上海が危険なら居留民をみんな引き揚げる。損害は一億でも二億でも保障したらいいじゃないか。戦争するよりも安くつく」、と主張している。不拡大方針を貫くことは、最終的には、中国における日本利権の放棄へと行きつく。しかし、佐藤賢了によれば、「日本人が幾十年かかって営々築きあげてきた上海の権益を、みな棄てて引きあげられるはずのものではない」、石原の主張は「いうべくして行われることではなかった[39]」。

石原の例からもわかるように、かりに日支事変に関して米内の戦争責任を問うとするならば、なぜ米内は戦争を回避するため上海利権をすべて放棄する決断ができなかったのか、と問うことになる。しかし、実際にはそのように主張した石原莞爾の不拡大論に同調する者は現れず、当時において上海利権を放棄するような主張は、緊迫した上海の情勢を平和的解決に導くだけの説得力を持つものではなかった。

米内の戦争責任を問うとするならば、石原のような判断ができなかったところに、日支事変に関する責任があると言うこともできるが、同時にそのような時代の常識を超絶する判断を米内に求めるのは、いささか、ないものねだりにすぎるのではないかとも思える。結局のところ、米内の日支事変をめぐる戦争責任を総括すれば、このあたりに落ち着くのではないか、というのが私の意見である。

では、回避すべき中国との全面戦争を予感しつつも居留民保護のため陸軍に派兵を要請し、南京占領をとなえはじめた米内の真意はどこにあったのか。その手がかりとなるのが、八月一三日深夜の閣議で決定された政府声明である。この声明は一五日、『朝日新聞』などに掲載されることになった。

顧みれば事変発生以来屢々声明したる如く、帝国は隠忍に隠忍を重ね不拡大を方針とし、努めて平和且つ局地的に処理せん事を企図し、（中略）南京政府に対して挑戦的言動の即時停止と現地解決を妨害せざるやう注意を喚起したるにも拘らず南京政府は我が勧告を聴かざるのみならず却て益々我方に対し戦備を整え、厳存の軍事協定を破りて顧みる事なく、軍を北上せしめて我支那駐屯軍を脅威し、又漢口上海其の他に於ては兵を集めて愈々挑戦的態度を露骨にし上海に於ては遂に我に向って砲火を開き帝国砲艦に対して爆撃を加ふるに至れり。此の如く支那側が帝国を軽蔑し不法暴挙至らざるなく全支に亘る我居留民の生命財産危殆に陥るに及んでは、帝国としては最早隠忍其の限度に達し、支那軍の暴戻を膺懲し以て南京政府の反省を促す為め今や断固たる措置をとるの已むなきに至れり(40)

一読してわかるように、この文書には国民党軍による停戦協定違反、上海在住居留民への圧迫など、盧溝橋事変から日支事変へと拡大していく中で、海軍によってくりかえし語られてきたさまざまな情勢認識が織り込まれている。そして、同文書では最終的に第三艦隊司令長官、長谷川清の意見具申に記された「支那支那軍の暴戻を膺懲し以て南京政府の反省を促す為今や断固たる措置をとる」という内容をもっておわることになる。(41)しかし、このような支那膺懲論を、米内が本気で信じていたとはとても考えられない。先ほど確認したように、「支那通」であった米内は、昭和七（一九三二）年の段階ですでに、中国における「バイタルポイント」の不在、広大な領土を有する中国と戦争状態になった場合、どこを占領したとしても最終的に勝利をえるのは難しいことを予見していた。ここには、中国との全面戦争を回避しようと努力しつつも、居留民保護の観点から、みずからの見通しとは反対の方向に押し流されていく米内がいる。戦端が開かれるにいたって米内は、その不可能性を察知しつつも、支那膺懲論に最後の希望をいだくまでに追い込まれていった、と見るべきであろう。

その上であらためて、阿川弘之の評伝に話をもどすと、阿川の『米内光政』の場合、米内が戦争拡大に反対する姿にのみスポットが当てられていることは明らかである。同書では、戦争拡大を回避すべく米内が努力した姿は、その手記を引用しつつ克明に紹介されているが、戦争に向かう時代の潮流にどう流され、同調していったかについては言及されていない。

史実のレヴェルで、米内が日中開戦に関して深刻な戦争責任を負うとは思わないが、ブレーキとアクセルを同時に踏むように、米内が開戦を危惧しながらも、戦争の準備を進め、陸軍部隊の派遣を推し進めたのは紛れもない事実である。これを、意志に反しつつも海軍大臣として職責を果たした姿と見るか、時代になれあい石原のような批判的な視点を持ちえなかった限界性と見るかは、評価が分かれるところであろうが、これを言い換えれば、阿川の評伝においては、評価が分かれてしまうような複雑な動き方をする、この時期の米内の姿に、スポットが当てられることはなかった、と言うこともできよう。(42)

三国同盟

次に、米内および海軍の戦争責任を免責する根拠としてしばしば言及される、日独伊三国同盟問題について検討していく。

日独伊三国同盟は昭和一五（一九四〇）年九月二七日、ベルリンで調印された日本、ドイツ、イタリアの間の軍事同盟であるが、締結交渉は、第一次近衛文麿内閣の末期からはじまっている。最終的な締結内容としては、ヨーロッパおよびアジアにおける新秩序建設に関し、ドイツ、イタリアおよび日本は、その指導的地位を認めあうこと、また日中戦争およびヨーロッパ戦争に参加していない第三国の攻撃に対して、あらゆる政治的、経済的、軍事的方法によって相互に援助すべきことなどが含まれていた。

昭和一五（一九四〇）年一月首相に就任した米内は、日独伊三国同盟に終始、反対し、締結を迫る陸軍と対立しつづけた。というよりも、そもそも米内に大命降下があったのは、親英米派であった昭和天皇の意思が働いていたと見るべきである。昭和天皇が語るところでは、当時「味方として頼みにしてゐたのは前には（第一次近衛内閣にあっては、の意）米内（光政、海相）、池田（成彬・蔵相）の二人、後では（平沼内閣では）有田（八郎・外相）、石渡（荘太郎・蔵相）、米内（海相）の三人であつた」、「米内はむしろ私の方から推薦した、米内のことを日独同盟反対の伏見宮に相談した処、差支ないといふ意向だつたので、日独同盟論を抑へる意味で米内は総理大臣に任命した」という。(43)

阿川弘之の『米内光政』には、米内内閣がけっして受けいれることがなかったふたつの政策があったことが記されている。ひとつは対独伊関係の強化、もう一つ近衛文麿の新体制運動であった。近衛が進めようとした新体制運動とは「既成の政党を解散させ、ナチス張りの一国一党で日本の政治を運営して行こうというもの」であり、今日から見れば、親独政策という意味で、両者は密接不可分の関係にあった、と見るべきである。ちなみに阿川によれば後年、米内は小泉信三に、「私は三国同盟もやらず、国内改革も実行しないからというので倒閣ということになったのです」、と語ったという。

阿川の『米内光政』では、ドイツへの接近、ファシズムへの傾斜に突き進む日本の情況に、身を賭して抗おうとした米内のエピソードが、くりかえし紹介されている。この時期、参謀本部の上層部やベルリンの大島浩陸軍武官は「ドイツに注射」され、右翼はその「陸軍に注射」されており、親独に傾斜する陸軍を代表して日独伊三国同盟の締結を主張する陸軍大臣、板垣征四郎と米内は激しく対立していた。

このような歴史的背景を踏まえつつ阿川は『米内光政』で、米内の手記に記された「要するに防共協定強化の逆効果として英米より経済的圧迫を被るが如きが破目に陥るならば、目下事変に直面してある国として、頗る憂慮すべき事態に陥ることとなるべし。かくの如きは絶対に回避せざるべからず」という一節を紹介している。ドイツに接近することはイギリス、アメリカを敵に回すということであり、もし日本に対する経済制裁にイギリス、アメリカが踏み切った場合、日本の経済的ダメージは計り知れない、というのが、米内が三国同盟に反対した理由であった。

結果、海軍省に右翼が押しかけてきては、「貴様らイギリスがこわいか、アメリカがこわいか。弱虫、腰抜け、役立たず。貴様らの大和魂はどこについておる」と騒ぐようになり、いつ米内の命が狙われてもおかしくない状況にあって、副官は机の中にピストルを忍ばせるようになったという。

また、阿川の『米内光政』によれば、米内内閣に対する倒閣運動は、成立の日からはじまっていた。そして、昭和一五（一九四〇）年七月はじめ、右翼団体による米内首相暗殺未遂事件が起こり、その数日後、「首相がその政治的所信を改めないかぎり、この内閣にこれ以上協力できない」という態度を、陸軍がはっきり見せはじめた。その後の様子は先ほど言及した木戸日記に記載されているとおりである。そして、一六日の朝、陸軍大臣だった畑俊六が米内に対し陸軍大臣の辞表を提出。後任の陸相を推薦してほしいと米内は要望したが、陸軍三長官協議の上、推薦できないという回答が伝えられ、米内内閣は総辞職することになった。

阿川弘之の『米内光政』に記された、このような経緯については、戦後、東京裁判に際して米内が行った証言とおおよそ一致している。米内の証言によれば、当時、軍務局長の職にあった武藤章は「世界情勢に対処するその施策を理由として」米内内閣は「総辞職すべきである」と主張しており、また、当時の新聞や雑誌でも「枢軸諸国家と三国同盟の締結を可とする軍国主義的・超国家主義的分子による大扇動」が行われていた、米内内閣は「慎重に協議した結果、三国同盟を締結しないこととした」が、結果、陸軍大臣、畑俊六が辞表を提出するにいたり、総辞職することになった。これは「陸軍および他の軍国主義的かつ侵略的傾向の諸団体によって強制されたもの」であった。[44]このような米内の証言は、阿川の説明とほぼ一致している。

ただし、史実と突き合わせてみると、東京裁判での米内の証言や阿川の説明では言及されることがなかった、三国同盟に関する興味深い事実も伝えられている。

当時、参謀次長の職にあった澤田茂は東京裁判法廷で、参謀総長、閑院宮はドイツに仲介を依頼し日支事変を打開しようとする構想を持っており、この件を阿南惟幾陸軍次官に相談したところ、阿南は「ドイツを使って中国との和平を実現しようとされる限り、現内閣（米内内閣）を交迭（こうてつ）せしめる外なく、一、二の閣僚を入替へた位では、参謀総長の目的は達成せられぬだろう」と語り、倒閣にいたったという(45)。

陸軍が日独伊三国同盟の締結を急いだ理由は、ナチスへの傾倒という情緒的な理由ももちろんあったであろうが、それに加えて、閉塞状況にあった日支事変を解決する突破口を開こうとするもくろみもあった。

これを逆から言えば、米内はドイツの斡旋による日支事変解決の可能性を信じていなかったか、あるいは、危ぶんでいた、ということになる。実際、米内は手記において、「英国は現在のところ、支那問題以外に日本と衝突するが如きことなし」、「日本は支那に権益有せざる他国と結び、最大の権益を有する英国を支那より駆逐せんとするが如きは一の観念論に外ならず」、「独伊と結びたりとて支那問題の解決に何の貢献する処かある。宜しく英を利用して支那問題の解決を計るべきなり」、「支那問題に関し日本は仮令独伊と了解ありとしても、英米を東にして向うに廻すこととなり、何等成功の算を見出し得ざるのみならず、危険此上なし」、と書き

記している。(46)

米内はイギリスに斡旋を依頼して日支事変の解決をはかるという、陸軍とは正反対の構想を持っていた。中国に巨大な利権を持っていたイギリスは、一九三九(昭和一四)年以降、ヨーロッパにおいてドイツ、イタリアと戦争状態にあり、そのようなドイツ、イタリアと同盟を結び、事変の解決をはかろうとした場合、イギリス、アメリカとの経済的、軍事的緊張を招きかねないと考えていたからである。米内にとってイギリスへの仲介依頼は、中国におけるイギリス利権を脅かさない形で(あるいは、イギリス、アメリカに敵対しないことで、ヨーロッパの大戦に巻き込まれない形で)日支事変の解決をはかることを意味していた。

海軍の功利主義

また、米内は同じ手記において、「我国としては、既に事実上満州を領有」しており、満州を発展させていくことがさしあたりの急務であること、そのために必要な資金は日本と中国との貿易によって獲得するべきであり、「これがためには、ただ列国との協調をこそ望むなれ、何ぞこの際特殊国と特殊の協約を結ぶを要せんやである。日独伊協定を強化し、これと攻守同盟を結ばんとするが如きは、各々その野心を逞しうせんとするに外ならず」、とも書き記している。[47] たとえば、松井石根は、「満州事変は、精神史的に之を観れば、久しく枉屈せられたる皇道的大亜細亜主義の理想が、機に激して喚発発現したるもの、何ぞ権益の擁護と謂はむや」と語っているが、[48] これと比べれば、米内がきわめて功利主義的な世界認識を視座としつつ、中国問題を眺めていたことがわかる。五族協和や王道楽土など満州国建国のスローガンは、米内に言わせればただのおためごかしであり、そのような道義的意匠などまったく眼中にはなかった。「事実上満州を領有」しているという米内の言葉からは、中国を、あるいはアジアを、国益とのかかわりからのみ眺める現実主義的なまなざしが浮かび上がってくる。大義名分や民族主義的な粉飾を一切廃して、何の悪びれもなく、国益上の利害を剝きだしにする米内の言葉には、今日から見れば、やはり違和感を覚える。いささか露悪的にさえ感じる。

そこで最後に、剝き出しの功利主義とも思えるような米内のアジア認識について、彼の思想的、政治的バックグラウンドとも言うべき海軍の伝統的思考とのかかわりから考えてみたい。

阿川の『米内光政』には、当時軍令部で勤務していた大井篤海軍中佐がナチスを評して「英国海軍を手本に育ったわれわれ海軍の者は、世界観がちがいすぎて、とてもついて行けやしないですよ」、と語ったエピソードが紹介されている。もともと日本が海軍を整備していく上でのモデルとしたのは、イギリスだった。同じ島国ということから、日本の海軍力整備にとって、もっとも参考となる国とみなされたのである。[49] 明治六（一八七三）年七月には三四名のイギリス海軍将校が日本の海軍兵学校の教壇に立つが、それも「英国ノ海軍ノ紀律ト戦術トノ伝習ヲ受ケルコトガ、ソノ学術ノ修得ト共ニ要求サレタ」からであった。[50] ここには近代海軍建設にあたってイギリス海軍の文化や伝統も同時に移入しようとした日本政府の方針を確認することができる。

そのイギリス海軍の成り立ちや性格を理解していくにあたっては、I・ウォーラーステインの「ヘゲモニー国家」という概念が役に立つ。「ヘゲモニー国家」とは、ある特定の国の生産物が他の諸国家と比べて競争力を持ちえた状態を指す。このような国家にあっては交易こそが利益を生む最大の源となるわけだが、その物理的保障が海軍であった。イギリスにおいて一六八九年から一八世紀を通じて問題でありつづけたのは、軍事的努力の中心を陸上に置くべきか、海上に置くべきかという問題であり、海洋派は、戦争を新しい市場を求めて競争相手を排除する戦いと見ていたという。[51]

同様の内容はアルフレッド・マハンによっても指摘されている。マハンは、日本においても、秋山真之（日露戦争時の連合艦隊作戦参謀）や井上成美によって研究されたエピソードを持つ、当時にあっては世界的権威とも言うべき海軍史家である。マハンによれば海洋の戦争は、「貿易の利益の―すべてではないにせよ―大部分を専有し、遠隔の未開拓地域における通商上の利益を先占しようとして競争するところから、利害の対立や敵対感情が生じ」引き起こされるものであった。しかし、興味深いことに、もう一方でマハンは、「島国においては、海軍が軍事的な意味で侵略的であることはめったにない、自国沿岸の彼方に巨大な利益を有し、一朝有事の日にはそれを失う恐れがあるので、海軍国は当然のことながら、本能的に平和をめざすものである。歴史的にみて、最たる海洋国家イギリスがその顕著な適例」である、とも論じている。海洋国家において戦争は交易の中断を意味しており、それゆえイギリスの場合、功利主義的な観点から平和を希求する傾向が形成されることになった、というのである。[52]

たとえば阿川の『米内光政』で紹介されている、海軍省内の対南洋方策研究委員会の対外政策は、このようなイギリス重商主義の流れを汲むものとなっている。「日本陸軍が絶えず食指を動かしていたのは、満州をふくむ中華民国の領土と権益」であり、海軍は「南方の錫、ゴム、油、鉄鉱石」などの天然資源であったが、海軍は「陸軍が満州でやったようなことを、南方進出にあたって絶対繰り返してはならない」、「太平洋でアメリカと正面衝突してみても勝てるわけが無いのだから」「米英との協調を計りながら、日本の持っている技術と金をつぎ込んで、平和裡に成果を挙げたい」、と考えていたという。

米内の一連の言動も同様である。列強による中国の植民地化を当然視し、満州領有の道義意匠の必要を認めず、それどころか満州発展の財政的基盤を中国との交易に求めようとする米内の功利主義的な発想は、今日から見れば、対外交易の露払い役として海軍を建設したイギリス重商主義との高い同調性を示している。

また、中国との全面戦争や三国同盟に反対したのも、長期にわたる戦争の結果として、国力の疲弊や日本による中国市場の独占を警戒するイギリスとの緊張関係を招来するリスク、ドイツに接近していくことでイギリス、アメリカとの軍事的緊張を招くリスクがあったからであった。それよりはイギリスやアメリカとの協調をはかっていくほうが国益に適うという米内の発想は、重商主義の時代にイギリスが育んだ功利的平和主義の発想と通じるものがある。

そもそも米内にとって、あるいはイギリスの影響を受けつつ発展してきた日本海軍にとって、植民地経営による国益の拡大をめざすこと自体、道義的になんら責めを負う事柄ではなかった。つまり、アジアに対する植民地主義的な関心という点に限れば、米内も陸軍もさほど違いはなく、イギリス、アメリカと協調して利権を拡大していくか、駆逐して拡大していくかという手法上の違いがあったにすぎなかった。

ここには阿川が描くことのなかったもう一人の米内がいる。彼が中国との全面戦争を回避しようと精力を傾け、ファシズムに傾斜していった日本の情況に抗いつつ、イギリス、アメリカとの協調をはかり、戦争回避に惜しみない努力を傾注した事実はまちがいない。しかし、その米内は同時に脱亜入欧の視線を持って中国を眺めていた。

当たり前と言えば当たり前なのだが、そのような米内を絶対平和主義の立場から道義的に批判することはまちがっている。軍人である米内が、アジアを蚕食する日本のありようを一切否定する反戦平和主義者であったはずはない。それはそうなのだが、阿川の『米内光政』について言えば、米内を反戦平和への意思を貫いたリベラルな軍人政治家として描き出していくことで、東京裁判史観との回路を開くものとなっており、この点は修正されなければならない。同書の、あるいは東京裁判史観の死角には、列強によるアジアの植民地支配を前提とする世界秩序との協調の中で、中国における日本の国益を拡大していこうとする米内、あるいは日本海軍、さらにはそのような米内に信を寄せた昭和天皇やその重臣たちが存在したことは、事実として今一度確認しておかなくてはならないはずである。

注

（1）畑俊六「獄中手記」『続・現代史資料4陸軍畑俊六日誌』みすず書房　昭和五八（一九八三）・三
（2）『木戸幸一日記』下巻　東京大学出版会　昭和四一（一九六六）・七
（3）『一軍人の生涯　回想の米内光政』文藝春秋新社　昭和三〇（一九五五）・五
（4）新潮社　昭和五三（一九七八）・一二
（5）『昭和天皇の終戦史』岩波新書　平成四（一九九二）・一二
（6）『日本海軍の終戦工作　アジア太平洋戦争の再検証』中公新書　平成八（一九九六）・六
（7）『海軍の日中戦争』平凡社　平成二七（二〇一五）・六
（8）（5）と同じ
（9）（6）と同じ
（10）NHKスペシャル取材班編『日本海軍400時間の証言　軍令部・参謀たちが語った終戦』新潮社　平成二三（二〇一一）・七
（11）（10）と同じ
（12）「新出史料からみた『昭和天皇独白録』」『政治経済史学』平成三（一九九一）・三
（13）（5）と同じ
（14）戦争末期、ふたたび海軍大臣の職に就くことになった米内の最大の政治課題が国体護持の問題であったことは、しばしば指摘されてきた。昭和二〇（一九四五）年八月一二日、米内は、彼の下で終戦工作に従事していた高木惣吉に向かって、次のように語っている。

私は言葉は不適当と思うが、原子爆弾や蘇聯の参戦は或る意味天佑だ。国内情勢で戦をやめるということを出さなくて済む。私はかねてから時局収拾を主張する理由は、敵の攻撃が恐ろしいのでもないし、原子爆弾や蘇聯参戦でもない。一に国内情勢の憂慮すべき事態が主である。従って今日その国内事情を表面に出さなくて収拾出来るというのは寧ろ幸いである。

（『高木海軍少将覚書』毎日新聞社　昭和五四（一九七九）・一二）

この時期、米内は食料や生活物資の欠乏など国内事情の悪化にともなって、国民の共産主義への傾斜など、反体制的な動きが広がりはじめることを極度に警戒していた。そのような傾向が深刻化すれば、とどのつまりは、国体の崩壊、天皇制の否定に行き着かざるをえなかったからである。国体護持の観点から言えば、そうなるよりは原爆投下をきっかけとした敗戦のほうがまだましである、と米内は考えていた。

また、私が調べた範囲でも、終戦工作を進める米内を支えた海軍次官、井上成美を更迭したエピソードからも、国体護持を最大の政治課題と見なしていた米内の姿が見えてくる。井上成美伝記刊行会編『井上成美』（昭和五七（一九八二）・一〇）によれば、井上は「独立ということだけが保たれれば、他はどんな条件でもよいから戦をやめるべきである」と考えており、戦後にあっても、「天皇制を認めないといっても、終戦すべきであった」、「そうすれば広島、長崎の悲劇はなかった」と考えていた。同書では、「井上の次官更迭の真因は」「このことがもっとも大きかったと推定するのは早計であろうか」、と米内による井上更迭の原因が、国体護持をめぐる意見の対立にあったことが示唆されている。

(15)『西園寺公と政局』第六巻　岩波書店　昭和二六（一九五二）・一一
(16) 軍事史学会編『海軍大将嶋田繁太郎　備忘録・日記』I　錦正社　平成二九（二〇一七）・九
(17)『海軍と日本』中公新書　昭和五六（一九八一）・一一
(18)『現代史資料9　日中戦争2』みすず書房　昭和三九（一九六四）・九
(19)『昭和陸軍全史2　日中戦争』講談社現代新書　平成二六（二〇一四）・一一
(20)「日本海軍と日中戦争」黄自進他編著『〈日中戦争〉とは何だったのか』ミネルヴァ書房　平成二九（二〇一七）・九
(21)『蒋介石秘録12　日中全面戦争』サンケイ新聞社　昭和五一（一九七六）・一二
(22) (21) と同じ
(23)『昭和天皇と戦争の世紀』講談社　平成二三（二〇一一）・八
(24) (16) と同じ
(25) 防衛庁防衛研修所戦史室編『戦史叢書　支那事変陸軍作戦〈1〉昭和十三年一月まで』朝雲新聞社　昭和五〇（一九七五）・七
(26) (18) と同じ
(27) (16) と同じ
(28) (25) と同じ
(29) (16) と同じ

(30)　(25)と同じ
(31)　(18)と同じ
(32)　(21)と同じ
(33)　(16)と同じ
(34)　(16)と同じ
(35)　(16)と同じ
(36)　(21)と同じ
(37)　(18)と同じ
(38)　(18)と同じ
(39)　『佐藤賢了の証言　対米戦争の原点』　芙蓉書房　昭和五一（一九七六）・一
(40)　(15)と同じ
(41)　この時期、陸軍には上海派兵による「支那膺懲」の構想はなかった。石原の不拡大論に対して、当時、陸軍参謀本部作戦課長の職にあった拡大派の武藤章は、「北支の支那軍に一撃を与えてこれを膺懲し、この機をとらえて」「北支に満州国の緩衝地帯を作り、後顧の憂いなく対ソ作戦が遂行し得るような態勢を作ることが必要である」、と考えていた。陸軍が上海に陸兵を送り、日支事変の解決を図る方針を示しはじめるのは、石原の後任として下村定が参謀本部作戦部長に就任した昭和一二（一九三七）年九月以降である（上法快男編『軍務局長　武藤章回想録』芙蓉書房　昭和五六（一九八一）・四）。

（42）この点については山本五十六についても同様である。昭和一二（一九三七）年七月二八日の嶋田日記には次のような記述がある。

大臣（次官、軍務局長同席）ニ対シ9ｈヨリ9ｈ30―A海軍用兵ニ関スル腹案ヲ軍令部一課長ヨリ説明、次官ヨリ中南支作戦ノ場合、航空戦ヲ海軍ニテ担任スル協定（陸軍トノ）ニ対シテハ中攻機約100機ヲ急速製造シ人員養成ヲ行フ必要ナキヤトノ意見出テ、軍令部ハ全然同意ニテ、次長ヨリ次官ヘ本日申進ヲ出シタル通ナリ。臨時議会ニ追加予算ヲダスコトニナル。

（（16）と同じ）

山本五十六と言えば、これまでくりかえし評伝が出版されてきたが、いずれも、最後まで対米戦に反対しながらも、開戦にあたっては自ら連合艦隊を率いてアメリカとの絶望的な戦争を指揮することになった悲劇の提督として語られている。しかし、海軍次官時代の山本は、盧溝橋事件勃発に関しては陸軍の暴走に憤るエピソードを持ちながらも、日支事変の拡大に際しては、軍令部に「中攻機」（中型攻撃機の略称、おそらく山本が航空本部長時代、直接、開発に携わった双発の九六式陸上攻撃機を指す）の増産や搭乗員の養成を軍令部に提案するなど、戦争に積極的にかかわる姿勢を見せていた。

（43）寺崎英成／マリコ・テラサキ・ミラー編著『昭和天皇独白録　寺崎英成御用掛日記』文藝春秋　平成三（一九九一）・三

（44）「原告アメリカ合衆国など　対被告荒木貞夫など」実松譲編『海軍大将　米内光政覚書』光人社　昭和五三（一九七八）・一一

(45)（3）と同じ

(46)（3）と同じ

(47)（3）と同じ

(48)「「満州人の満州」の確立」『大亜細亜主義』昭和八（一九三三）・六

(49)手嶋泰伸『日本海軍と政治』講談社現代新書　平成二七（二〇一五）・一

(50)木村浩吉編『黎明期ノ帝国海軍』海軍兵学校　昭和八（一九三三）・六

(51)I・ウォーラーステイン／川北稔訳『近代世界システムⅡ　重商主義と「ヨーロッパ世界経済」の凝集』名古屋大学出版会　平成二五（二〇一三）・一〇

(52)麻田貞雄編訳『マハン海上権力論集』講談社学術文庫　平成二二（二〇一〇）・一二

あとがき ―― 坂口安吾のまなざし

昭和二一（一九四六）年四月、『新潮』に発表された「堕落論」で坂口安吾は東京裁判に言及して、「六十すぎた将軍達が尚生に恋々として法廷にひかれることを思うと、何が人生の魅力であるか、私には皆目分からず、然し恐らく私自身も、もしも私が六十の将軍であったなら矢張り生に恋々として法廷にひかれるであろうと想像せざるを得ない」、と記している。時期から考えて、「恋々として法廷にひかれる」「六十の将軍」が、東京裁判で戦争責任を問われた、そして、裁判の過程でみずからの戦争責任を否定した、いわゆるA級戦犯の元軍人たちを指しているのはまちがいない。

東京裁判における戦犯指名は、終戦からおよそ一ヶ月後の昭和二〇（一九四五）年九月一一日の第一次指名から始まっている。このときに逮捕命令が出たのは東条英機ら三九名。第二次指名は一一月一九日。真崎甚三郎、松岡洋右ら一一人に逮捕命令が出ている。一二月二日の第三次指名では、梨本宮守正、広田弘毅、平沼騏一郎ら五九名に、一二月六日の第四次指名では近衛文麿、木戸幸一ら九名に逮捕命令が出ている（近衛文麿は一二月一六日に服毒自殺）。

「堕落論」が発表されたのが昭和二一（一九四六）年四月だから、以上のような裁判の経過から考えて、だいたい戦犯指名から東京裁判開廷にいたる時期に、安吾は「堕落論」の構想を立て執筆していたと見てよいだろう。いまだはじまっていない東京裁判を見ているはずはないが、戦犯指名と逮捕が相次ぐ様を目撃する中で、安吾が「六十七十の将軍達が切腹もせず轡を並べて法廷にひかれるなどとは終戦によって発見された壮観な人間図」（「堕落論」）であると、書き記したのはまちがいない。

その上での話なのだが、戦犯指名されながらも、自決しないで生き残り、法廷に出頭する軍人政治家を指して、安吾が「生に恋々として法廷にひかれる」と述べている点に関しては、それと呼応する興味深い事実が存在する。この時期、A級戦犯のシンボル的存在であった東条英機に対して、まさに安吾が言うような批判が集中していた。昭和二〇（一九四五）年九月一一日、出頭命令を受けた東条英機は自殺を試み失敗する。この事件が伝えられた時の世論の反応が、朝日新聞法廷記者団『東京裁判』第一輯（朝日新聞社　昭和二一（一九四六）・一二）には、「世間にはこの自殺を東条の茶番劇であり、『生きて虜囚の辱を受くる勿れ』とする『戦陣訓』の責任者、東条元陸相の死にざまは何たる醜態。阿南を見よ、杉山夫妻を見よ、と東条への嘲笑の声が高かつた」、と記されている。実際にこの自殺が茶番であったかどうかは今は問題ではない。大切なのは、東条が死を恐れ、狂言自殺を演じたという非難の声が世間に満ちあふれており、安吾もまた、世論と認識を共有していたことである。

安吾は、A級戦犯、あるいは戦争中の軍人政治家の態度がそのまま天皇制の問題、さらに言えば、戦争の母胎となった日本文化の問題と直結していると考えていた。

「続堕落論」(『文学季刊』昭和二一(一九四六)・一二)を読むと、東京裁判を目撃した安吾が何を考えていたかよくわかる。ここで安吾は「天皇制というものは日本歴史を貫く一つの制度ではあったけれども、天皇の尊厳というものは常に利用者の道具にすぎず、真に実在したためしはなかった」、と語っている。平安期の藤原貴族も江戸時代の将軍家も権力を実質的には握りながら天皇制を維持しつづけたわけだが、安吾に言わせれば、それはみずからが主権を握るよりも天皇という権威、偶像をうち立て、号令させ、みずからが最初にぬかずく方が、命令が行き渡るからであった。言い換えるなら、日本の歴史において権力は、権威を兼ねることを避け、みずからがうち立てた権威にみずからが最初にしたがう姿勢を見せることで、実質的な支配をより強固なものにしていった。「自分が天皇に服す範を人民に押しつけることによって、自分の号令を押しつける」わけである。

その上で安吾は次のように語る。

それは遠い歴史の藤原氏や武家のみの物語ではないのだ。見給え。この戦争がそうではないか。実際天皇は知らないのだ。命令してはいないのだ。ただ軍人の意志である。満州の一角で事変の火の手があがったという、華北の一角で火の手が切られたという。総理大臣までその実相を告げ知らされていない。何たる軍部の専断横行であるか。甚しい哉、その軍人たるや、かくの如くに天皇をないがしろにし、根底的に天皇を冒瀆しながら、盲目的に天皇を崇拝しているのである。（中略）しかもこれが日本歴史を一貫する天皇制の真実の相であり、日本史の偽らざる実体なのである。

そして、さらに安吾は「現代に至るまで、そして、現在も尚、代議士諸公は天皇の尊厳を云々し、国民は又、概ねそれを支持している」と戦後になっても天皇制をめぐる日本文化のありようは何らの変化も見せていないと、批判の言葉を書き記すことになる。

右の文章で安吾は、軍人の専断で天皇や総理大臣に知らされないまま、満州や華北で火の手があがったと語っているが、同じことを安吾は『火』（『新潮』昭和二四（一九四九）・三～七、『群像』昭和二四（一九四九）・一一～昭和二五（一九五〇）・一）でも、「この年の六月四日に、満州では、汽車で奉天へ向かう張作霖が爆死をとげた。終戦後の今日に至って、関東軍の一将校の一人ぎめの陰謀にすぎないことが判明した」、と記している。少なくとも、安吾が「続堕落論」で批判している事件のひとつが、東京裁判で明るみに出た張作霖爆殺事件であったことはまちがいない。

さて、その張作霖爆殺事件であるが、東京裁判で取り上げられたのは、昭和二一（一九四六）年七月五日である。まず、検察側が木戸幸一日記を朗読し、「首相陸相ニ対シ曩ニ陛下ヨリ事件ハ此上拡大セザル様努力ストノ政府ノ方針ハ誠ニ結構ナリ充分努力スル様ニトノ御諚アリシコト」を軍部が伝え聞き「憤慨」していたこと、陸軍にあっても「肝心ノ鉄道爆破ノ詳細ナル状況不明ニシテ」いまだ報告書も届いていないこと、参謀総長から首相に対して「統帥権ノ発動ニツキ政府ニ於テ干渉セザル様サレタシ」との申し入れがなされたこと、などが明るみにされた。その上で、元陸軍兵務局長、田中隆吉が証言に立ち、田中義一内閣によって「厳禁」を命じられていたにもかかわらず、関東軍参謀、河本大作が独断で張作霖を爆殺し、張学良を擁立して日本の傀儡政権を満州にうち立てようとした、という証言がなされることになる（『極東国際軍事裁判速記録』第一巻　雄松堂　昭和四三（一九六八）・一）。

このような裁判のやりとりは、たとえば翌、昭和二一（一九四六）年七月六日の『毎日新聞』

に、ほぼ正確に要約紹介されている。その『毎日新聞』には、「軍部の暗躍を抉る　木戸侯日記」、「満州建国への横車　陛下の御諚も顧みず」、「張作霖爆死事件は河本大佐が下手人　田中隆吉氏重大証言」、「満州事変は陰謀」などの見出しがつけられているが、これだけをとっても、事変当時、国民にはまったく知らされていなかった真相が裁判を通じてあきらかにされ、驚愕をもって報道されたことがわかる。

実際、昭和四（一九二九）年一月の議会において、永井柳太郎、中野正剛らが、事件の真相をあきらかにするよう政府の責任を糾弾したが、首相であった田中義一は「調査中」のひと言をもって終始した。また、首相自身、事件は日本軍とは無関係であると信じ込んでおり、その旨を天皇に上奏したという（森島守人『陰謀、暗殺、軍刀』岩波新書　昭和二五（一九五〇）・六）。

「続堕落論」で、安吾は、日本の歴史を通じて、天皇は傀儡に過ぎず、藤原貴族や将軍家がこれを利用して支配・統治を行っていた、戦時下の軍人たちもまた、その流れをくむ者である、と論じていた。東京裁判を通じて戦争の実相を知った安吾は、彼ら軍人政治家を、歴史を越えて存在しつづけるような日本文化の体現者としてとらえようとしている。藤原貴族にせよ、将軍家にせよ、軍人政治家や関東軍参謀にせよ、彼ら黒幕的存在は、私欲にとらわれながらも、天皇にぬかづくことで、自らの実態を不可視の領域に隠蔽し、それどころか人々には無私の精神をもって、みずからの命令に従うことを強制していた、このような安吾の議論は、東京裁判を通じてあきらかになった戦争の実態を文化の問題としてとらえなおした結果である。戦争の真の母胎としての、歴史を越えて存在し続けるような天皇制をめぐる日本文化を、安吾は東京裁判を通じて「発見」するのである。

これを主体や自我、つまり共同体構成員の側から見るならば、安吾が発見した日本文化とは、私たちの生を偶然から必然へ、非意味から有意味へと転換していくシステム、ベネディクト・アンダーソンの言う「想像の共同体」のようなものであったと言ってもよい。為政者は「聖なる中心」にぬかづき、自らの意思を「聖なる中心」の意思として人びとに伝える。そして共同体の構成員もまた、為政者にならって「聖なる中心」を拝跪することになるわけだが、なぜ人びとが否応なく為政者とともにぬかづくことになるのかと言えば、それは私たちが生の一回性や偶然性に耐えることができないからである。そのような不安定な宙づり状態から抜け出すために、私たちは自らの生と「聖なる中心」との間に回路を開き、偶然的で非意味な生を、必然的で有意味なものに転化しようとする。為政者が天皇にぬかづくことで共同体の意思を構成員に伝える様を、共同体構成員の側からとらえなおすならば、それは偶然と生成変化、矛盾と混沌に満ちた生を、超越的価値との回路を開くことで秩序たらしめ、意味を与えるきっかけを、為政者＝共同体がもたらすことを意味する。私たちは不安定な生から脱出すべく、為政者が与える機会に、いつも飛びついてしまう。

「堕落論」で安吾は次のように語っている。

政治の場合に於て、歴史は個をつなぎ合わせたものではなく、個を没入せしめた別個の巨大な生物となって誕生し、歴史の姿に於て政治も亦巨大な創造を行っているのである。この戦争をやった者は誰であるか、東条であり軍部であるか。そうでもあるが、然し又、日本を貫く巨大な生物、歴史のぬきさしならぬ意志であったに相違ない。日本人は歴史の前ではただ運命に従順な子供であったにすぎない。

これまでの考察をふまえれば、ここで安吾が言おうとしていることは、すでにあきらかである。安吾は戦争の原因を、東京裁判で裁かれる軍人政治家の個人意思にではなく、日本文化そのもの、安吾の言葉で言う「日本を貫く巨大な生物、歴史のぬきさしならぬ意志」に求めていた。私たちの生を偶然から必然へ、非意味から有意味へと転換していく日本文化に、安吾は戦争の原因を求めたと言ってもよい。

安吾的視点に立てば、戦争を二度とくりかえさないためには、東京裁判はあまりにもお粗末なものにすぎなかった。なぜなら、歴史を裁くことと、個人を裁くことはまったく別の次元に属する事柄であるからである。東条英機らA級戦犯の「共同謀議」によって戦争が引き起こされたと総括されてしまえば、戦争の真の母胎である（と、安吾が考えていた）個人に生の意味と秩序を与えるシステム＝日本文化そのものが、手つかずのまま保存されてしまう。戦争をくりかえさないのであれば、日本文化それ自体が裁きの対象にならなければならない。「天皇をただの人間に戻すことは現在の日本に於て絶対に必要なことと信ずる」（「天皇小論」『文学時標』昭和二一（一九四六）・六）、と安吾が語ったのはそれゆえである。

そして、それは同時に私たちの生と「聖なる中心」との回路を断ち、あるいは「日本文化」、「想像の共同体」との回路を断ち、非意味で偶然、矛盾と混沌に満ちた私たちの生を、そういうものとして生きる姿勢を獲得していくことを意味していた。

戦後社会に対する安吾の闘争は、ここに源を発している。「堕落論」で、「人間は結局処女を刺殺せずにはいられず、武士道をあみださずにはいられず、天皇を担ぎださずにはいられなくなるだろう」と予言した安吾は、結局人間は自らの生を非意味から意味へ、偶然から必然へと転化しようとする誘惑から逃れられないことを透視している。しかし、その誘惑が、あるいはその誘惑に応える形で形成される「想像の共同体」が、個人の意思や欲望を抑圧し、個を超越する全体性を現前化するならば、これと戦うしかない。安吾の言う「堕落」という実存様式は、日本文化との闘争を志向する実践的主体の別名である。

さて、ここまで検証してきたように、東京裁判史観には今日から見てあきらかにおかしい点が多々見られる。左右のイデオロギーが東京裁判が抱えるさまざまな問題点を一層、見えにくくしていることもこれまで見てきた通りである。しかし、だからといって皇国史観や大東亜共栄圏の「大義」が、すべて正しかったわけでもない。そこには新たな歴史認識を私たちにもたらす可能性もあるのだが、同時に独善や欺瞞に満ちた詭弁や矛盾、破綻も多数潜んでいる。皇国史観からの「堕落」を安吾が主張したのと同じ意味で、東京裁判史観から私たちの実存が解き放たれること自体には、何ら倫理的抵抗を感じないが、それがそのままアジア太平洋戦争を聖戦視するイデオロギーへの傾斜を意味するとすれば、やはりまちがっている。認識行為というものは、非意味と不安定に耐えつつ、たえず既存の観念の外部を志向する実践としてあるほかない。たとえ反戦平和思想であっても、思考停止の中で語れば、逆の結果を招きかねない。このような問題意識を視座として、東京裁判をめぐるさまざまな言説の限界性をあきらかにしていくところに、本書の目的があったことを、最後に述べさせていただきたい。

なお本書を上梓するにあたっては京都橘大学より学術出版助成をいただくことができた。記してお礼申し上げたい。

また、『国際検察局尋問調書』の翻訳、NARA（アメリカ国立公文書館）とのやりとりに際しては、メルボルン大学院生、ファティマ・美弥・ワカールさんのご助力をたまわった。あわせてお礼申し上げたい。

二〇二一年一一月一日

野村幸一郎

野村　幸一郎（のむら　こういちろう）
1964年　三重県伊勢市生まれ
立命館大学大学院文学研究科博士後期課程修了、京都橘大学教授
博士（文学）
主　著『小林秀雄　美的モデルネの行方』（2006年，和泉書院）
『日本近代文学はアジアをどう描いたか』（2015年，新典社）
『松井石根アジア主義論集』（編著，2017年，新典社）
『二・二六事件の思想課題―三島事件への道程』（2021年，新典社）
など。

東京裁判の思想課題（とうきょうさいばんのしそうかだい）
――アジアへのまなざし
新典社選書 107

2021年12月8日　初刷発行

著　者　野村　幸一郎
発行者　岡元　学実

発行所　株式会社　新　典　社

〒111-0041　東京都台東区元浅草2-10-11　吉延ビル4F
ＴＥＬ　03-5246-4244　ＦＡＸ　03-5246-4245
振　替　00170-0-26932

印刷所　惠友印刷㈱　製本所　牧製本印刷㈱

ISBN978-4-7879-6857-9 C1336
https://shintensha.co.jp/　E-Mail:info@shintensha.co.jp

新典社選書

B6判・並製本・カバー装　　＊10％税込総額表示

⑱三島由紀夫の源流　岡山典弘　一九八〇円
⑲ゴジラ傳(でん)　——怪獣ゴジラの文藝学——　志水義夫　一八七〇円
⑳説話の中の僧たち　京都仏教説話研究会　二六四〇円
㉑古典の叡智　——老いを愉しむ　小野恭靖　一八七〇円
㉒『源氏物語』の特殊表現　吉海直人　二四二〇円
㉓これならわかる復文の要領　——漢文学習の裏技——　古田島洋介　二六四〇円
㉔明治、このフシギな時代　2　矢内賢二　一一〇〇円
㉕源氏物語とシェイクスピア　——文学の批評と研究と——　廣田收・勝山貴之　一八七〇円
㉖下級貴族たちの王朝時代　『新猿楽記』に見るさまざまな生き方　繁田信一　一六五〇円
㉗新版宮崎駿の地平　ナウシカからもののけ姫へ　野村幸一郎　一六五〇円
㉘宮崎駿が描いた少女たち　野村幸一郎　一八七〇円
㉙向田邦子文学論　向田邦子研究会　三八五〇円
㉚歌舞伎を知れば日本がわかる　田口章子　一七六〇円
㉛明治、このフシギな時代　3　矢内賢二　一五四〇円
㉜ゆく河の水に流れて　——人と水が織りなす物語——　山岡敬和　二三一〇円
㉝『源氏物語』忘れ得ぬ初恋と懸隔の恋　——朝顔の姫君と夕顔の女君——　小澤洋子　一八七〇円

㉞文体再見　半沢幹一　二二〇〇円
㉟続・能のうた　——能楽師が読み解く遊楽の物語——　鈴木啓吾　二九七〇円
㊱入門　平安文学の読み方　保科　恵　一六五〇円
㊲百人一首を読み直す2　——言語遊戯に注目して——　吉海直人　二九一五円
㊳戦場を発見した作家たち　——石川達三から林芙美子へ　蒲　豊彦　二五八五円
㊴『建礼門院右京大夫集』の発信と影響　日記文学会中世分科会　二五三〇円
⑽鳳朗と一茶、その時代　——近世後期俳諧と地域文化——　金田房子・玉城　司　三〇八〇円
⑾賀茂保憲女　紫式部の先達　天野紀代子　一二一〇円
⑿「宇治」豊饒の文学風土　——成立と展開に迫る決定七稿——　風土学会日本文学　一八四八円
⒀とびらをあける中国文学　——日本文化の展望台　高芝・遠藤・山崎・田中・馬場　二五三〇円
⒁後水尾院時代の和歌　高梨素子　二〇九〇円
⒂鎌倉武士の和歌　——雅のシルエットと鮮烈な魂——　菊池威雄　二四二〇円
⒃古典文学をどう読むのか　——シェイクスピアと源氏物語と——　廣田收・勝山貴之　二〇九〇円
⒄東京裁判の思想課題　——アジアへのまなざし　野村幸一郎　二二〇〇円
⒅日本の恋歌とクリスマス　——短歌とJ-pop　中村佳文　一八七〇円
⒆なぜ神楽は応仁の乱を乗り越えられたのか　中本真人　一四八五円